O SALTO

Um novo caminho para enfrentar as dificuldades inevitáveis

PEMA CHÖDRÖN

O SALTO

Um novo caminho para enfrentar as
dificuldades inevitáveis

Tradução: Marisa Motta

© 2009 by Pema Chödrön
"by arrangement with Shambhala Publications, Inc., 300 Massachusetts Ave., Boston, MA 02115, U.S.A."

Título original
Taking the leap – Freeing ourselves from old habits and fears

Projeto Editorial
Sandy Boucher

Revisão
Maria Clara Jeronimo
Michele Paiva

Editoração Eletrônica
Editoriarte

Foto da capa
Antonio García Cervera

Foto da autora
Andrea Roth

Design de capa baseada na edição americana
Julia Neiva

1ª Edição – 2010
1ª reimpressão – 2018

CIP-BRASIL. CATALOGAÇÃO-NA-FONTE
SINDICATO NACIONAL DOS EDITORES DE LIVROS, RJ
....

C473s

Chödrön, Pema, 1936-
 O salto : um novo caminho para enfrentar as dificuldades inevitáveis / Pema Chödrön ; tradução Marisa Motta. – Rio de Janeiro : Gryphus, 2010.

 Tradução de: Taking the leap : freeing ourselves from old habits and fears
 Inclui bibliografia
 ISBN 978-85-60610-41-9

 1. Vida espiritual - Budismo. I. Título.

10-2624.   CDD: 294.3444
                                                   CDU: 24-584
04.06.10   14.06.10   019596
....

GRYPHUS EDITORA
Rua Major Rubens Vaz, 456 – Gávea – 22470-070
Rio de Janeiro – RJ – Tel.: (0XX21) 2533-2508
www.gryphus.com.br – e-mail: gryphus@gryphus.com.br

Este livro é dedicado à longa vida de Sua Santidade o 17º Karmapa Ugyen Trinley Dorje e do Venerável Dzigar Kongtrül Rinpoche

SUMÁRIO

1. Alimentando o lobo certo   9
2. O aprendizado da permanência   23
3. O hábito de fugir   33
4. O movimento natural da vida   43
5. Libertando-se de antigos hábitos   49
6. Temos o que precisamos   59
7. Alegre-se com as coisas como elas são   69
8. Revelando a abertura natural   77
9. A importância da dor   87
10. Amizade ilimitada   97
11. Epílogo: trazendo esta experiência para o mundo   109

12. Agradecimentos   112
13. Bibliografia   113
14. Informações   114
15. Sobre a autora   117
16. The Pema Chödrön Foundation   118

1

ALIMENTANDO O LOBO CERTO

Como seres humanos, temos o potencial de nos libertarmos de antigos hábitos e também de amar e nos dedicarmos a outras pessoas. Temos a capacidade de despertar e viver conscientemente, mas, como devem ter percebido, também temos uma forte tendência a permanecer adormecidos. É como se estivéssemos sempre em uma encruzilhada, escolhendo sem cessar o caminho a seguir. A qualquer momento podemos escolher o caminho da clareza e felicidade ou da confusão e dor.

Nesse sentido, a fim de fazer uma escolha sábia, muitas pessoas voltam-se para práticas espirituais de diversos tipos, na expectativa de que a vida se ilumine e de que possa encontrar forças para enfrentar as dificuldades. No entanto, nessa busca é crucial ter em mente o contexto mais amplo no qual fazemos essas escolhas de vida: esse é o contexto de nossa amada terra e das circunstâncias difíceis que a envolvem.

PEMA CHÖDRÖN

Para muitas pessoas, a prática espiritual representa uma maneira de relaxar e um acesso à paz espiritual. Queremos nos sentir mais calmos, mais concentrados; e com nossas vidas agitadas e estressantes quem poderia nos culpar? Entretanto, temos a responsabilidade de pensar com mais grandeza em nosso cotidiano. Se a prática espiritual é relaxante, se traz alguma paz espiritual, isso é maravilhoso, porém essa satisfação pessoal nos ajuda a interagir com os acontecimentos no mundo? A questão principal é se vivemos de um modo que exacerba a agressão e o egoísmo, ou estamos contribuindo para um equilíbrio mental essencial?

Muitas pessoas sentem-se profundamente preocupadas com a situação do mundo. Sei que desejam com sinceridade que as circunstâncias mudem e que os seres humanos, no mundo inteiro, libertem-se do sofrimento. Mas pensando com honestidade, será que temos alguma ideia de como pôr em prática essa aspiração em nossas vidas? Percebemos se nossas palavras e ações causam sofrimento? E, mesmo quando reconhecemos que estamos cometendo erros, temos alguma intuição sobre como parar? Essas sempre foram questões importantes, mas agora se tornaram vitais. Esse é o momento em que se livrar de uma situação confusa é mais importante que a felicidade pessoal. Trabalhar nosso eu para termos mais consciência de nossas mentes e emoções talvez seja o único caminho para encontrar soluções que proporcionem o bem-estar de todos os seres e a sobrevivência da terra.

Pouco depois dos ataques de 11 de setembro de 2001 circulou uma história que ilustra nosso dilema. Um índio norte-americano conversava com o neto sobre violência e a crueldade do mundo. Ele disse que o motivo era a luta de dois lobos em seu coração. Um dos lobos era vingativo e zangado, e o outro, compreensivo e gentil. O jovem perguntou ao avô qual lobo venceria a luta em seu coração. E o avô respondeu: "Aquele que vencer será o que escolhi alimentar".

Então, esse é nosso desafio, o desafio da prática espiritual e o desafio do mundo. Como podemos começar agora, e não mais tarde, a alimentar o lobo certo? Como podemos recorrer à nossa inteligência inata para perceber o que ajuda e o que fere, o que aumenta a agressividade e o que revela nossa bondade e benevolência? Com a economia global caótica e o meio ambiente do planeta em risco, a guerra violenta e a crescente intensidade do sofrimento, chegou o momento em nossas vidas em que precisamos mudar nossa maneira de pensar e fazer tudo que for possível para reverter essa situação. Até mesmo um ligeiro gesto de alimentar o lobo certo ajudará. Agora, mais do que nunca, estamos todos envolvidos em um mesmo contexto.

A mudança de pensamento e atitude implica um compromisso conosco e com a terra, um compromisso que nos liber-

PEMA CHÖDRÖN

tará de antigos rancores, de não mais evitarmos pessoas, situações e emoções que nos causam desconforto, de não nos apegarmos aos nossos medos, à nossa intolerância e visão restrita, à nossa insensibilidade e hesitação. É o momento de desenvolver confiança em nossa bondade básica e a de nossos irmãos e irmãs na terra; um momento para desenvolver confiança em nossa capacidade de livrar-nos de antigas formas de imobilismo e de escolher com sabedoria. É possível agir desse modo aqui e agora.

Em nossos encontros cotidianos, podemos viver de uma maneira que ajude esse aprendizado. Quando falamos com alguém de quem não gostamos e não concordamos com sua opinião, seja um membro da família ou um colega de trabalho, temos a tendência de despender uma grande quantidade de energia ao sentir raiva. Porém, nossos ressentimentos e egoísmos, apesar de familiares, não constituem nossa natureza básica. Temos uma aptidão natural para eliminar antigos hábitos. Sabemos como é reconfortante ser gentil, como amar tem o poder de transformar, que alívio sentimos quando nos libertamos de antigos rancores. Com apenas uma pequena mudança de perspectiva, perceberemos que as pessoas agridem e falam coisas desagradáveis pelas mesmas razões que nós. Com senso de humor é possível ver que nossas irmãs e irmãos, nossos parceiros, filhos e colaboradores estão nos deixando loucos do mesmo modo como deixamos os outros loucos.

O primeiro passo nesse processo de aprendizado é ser honesto com si mesmo. A maioria das pessoas tem sido muito bem-sucedida em aumentar a negatividade e a insistir em que o lobo zangado fique cada vez mais brilhante, enquanto o outro estende os olhos suplicantes. Mas não estamos presos a essa maneira de ser. Quando sentimos ressentimento ou uma emoção forte, reconhecemos que estamos nos exaltando e percebemos que é possível fazer uma escolha consciente entre ser agressivo ou se acalmar. Trata-se de escolher o lobo que queremos alimentar.

É claro, se pretendemos testar essa abordagem, é preciso ter alguns indicadores. É necessário ter um método para seguir esse caminho da escolha sábia. Esse caminho leva à descoberta de três qualidades do ser humano, três qualidades básicas que sempre estiveram presentes em nós, porém foram enterradas e quase esquecidas. Essas qualidades são a inteligência natural, a cordialidade natural e a abertura natural. Quando digo que o potencial da bondade existe em todos os seres, isso significa que todas as pessoas, em todos os lugares, no mundo inteiro, possuem essas qualidades e podem usá-las para ajudar a si mesmas e aos outros.

A inteligência natural está sempre acessível. Quando não estamos presos na armadilha da esperança e do medo, sabemos por instinto como agir corretamente. Se não estivermos obscurecendo nossa inteligência com a raiva, autocomiseração ou ansieda-

PEMA CHÖDRÖN

de, perceberemos o que pode melhorar ou agravar a situação. A intransigência de nossas reações emocionais provoca um comportamento agressivo e palavras irracionais. Desejamos ser felizes e ficar em paz, mas quando nossas emoções vêm à tona, de algum modo os métodos que usamos para alcançar essa felicidade só nos fazem mais infelizes. Nossos desejos e ações não estão, em geral, em sincronia. No entanto, temos acesso à inteligência fundamental que pode nos ajudar a solucionar nossos problemas em vez de piorá-los.

A cordialidade natural é nossa capacidade compartilhada de amar, de ter empatia e senso de humor. É também nossa capacidade de sentir gratidão, valorização e ternura. É o conjunto do que, com frequência, é chamado de qualidades do coração, inerentes aos seres humanos. A cordialidade natural tem o poder de curar todos os relacionamentos, a relação com nós mesmos, com as pessoas, animais e com tudo que nos deparamos no dia a dia de nossas vidas.

A terceira qualidade da bondade básica é a abertura natural, a amplidão de nossas mentes. Nossas mentes expandem-se, são flexíveis e curiosas e, portanto, sujeitas a prejulgamentos. Esse é o estado mental antes que afundemos em uma visão baseada no medo, em que todos são inimigos ou amigos, uma ameaça ou um aliado, alguém de quem gostamos ou não, ou a quem ignoramos. Mas, em sua essência, a mente que temos, que você e eu temos, é aberta e receptiva.

ALIMENTANDO O LOBO CERTO

Podemos nos conectar com essa abertura mental a qualquer momento. Por exemplo, neste momento, por três segundos, pare de ler e faça uma pausa. Se conseguir fazer essa breve pausa, talvez vivencie um instante de pensamento livre.

Outra maneira de apreciar a abertura natural é pensar em momentos em que sentiu raiva, quando alguém disse ou fez alguma coisa que lhe desagradou, em que quis se vingar ou desabafar. Mas, e se nessas ocasiões tivesse conseguido interromper esse processo, respirar fundo e diminuir o ritmo da reação? Teria, assim, se conectado com a abertura natural. Você é capaz de parar, abrir espaço e fortalecer o lobo da paciência e da coragem, em vez do lobo da agressão e da violência. Quando fazemos uma pausa, nossa inteligência natural quase sempre surge para nos salvar. Temos tempo para refletir: por que *queremos* dar esse telefonema desagradável, falar algo maldoso, ou beber um drinque ou inalar uma substância nociva, ou qualquer outra coisa do gênero?

É inegável que queremos agir desse modo porque nesse estado exaltado acreditamos que isso nos trará algum alívio. Que resultará em algum tipo de satisfação, resolução ou conforto: pensamos que nos sentiremos melhor no final. Porém, se pararmos para nos questionar: "Eu me *sentirei* melhor quando isso terminar?" Ao abrir esse espaço de reflexão, a inteligência natural terá a oportunidade de expressar o que já sabemos: que *não* nos sentiremos melhor no final. E por que sabemos isso? Por-

PEMA CHÖDRÖN

que, acredite ou não, essa não é a primeira vez que sentimos esse impulso, essa mesma estratégia de acionar o piloto automático. Se fizermos uma pesquisa de opinião, é provável que a maioria das pessoas diga que, em suas vidas pessoais, a agressão gera agressão. Ela aumenta aos poucos a raiva e a insatisfação em vez de trazer a paz.

Se, neste momento, a nossa reação emocional ao nos depararmos com uma determinada pessoa ou ao ouvirmos certas notícias é a de enraivecer-nos, ou ficarmos desanimados, ou outra sensação igualmente extremada, é porque há muito tempo cultivamos esse hábito. No entanto, como meu professor Chögyam Trungpa Rinpoche costumava dizer, podemos abordar nossas vidas como um experimento. No próximo momento, na hora seguinte, somos capazes de escolher fazer uma pausa, diminuir o ritmo, ficar tranquilo por alguns segundos. É possível interromper a cadeia de reação usual, e não se descontrolar da maneira habitual. Não precisamos culpar ninguém, nem a nós mesmos. Quando estamos em uma situação difícil, podemos não estimular o hábito agressivo e observar o que acontece.

A pausa é muito útil nesse processo. Ela cria um contraste momentâneo entre a total autoabsorção e o fato de estar desperto e presente. Pare por alguns segundos, respire fundo e prossiga seu caminho. Isso não é um projeto. Chögyam Trungpa referia-se a essa pausa como um intervalo que interromperá qualquer coisa que esteja fazendo. O mestre budista vietnamita,

ALIMENTANDO O LOBO CERTO

Thich Nhat Hanh, ensina essa pausa como uma prática consciente. Em seu monastério e nos centros de retiro, em determinados intervalos alguém toca um sino, e, ao ouvir o som, todos param por um breve instante para respirar fundo e conscientemente. Em meio à vida comum, que, em geral, é uma experiência que nos aprisiona, caracterizada por muita discussão interna, faça uma pausa.

Ao longo do dia, escolha o momento de fazê-la. Talvez seja difícil de se lembrar no início, mas assim que começar a praticá-la, a pausa o alimentará; será preferível a se sentir encurralado.

As pessoas que acharam esse hábito útil criaram maneiras de inserir pausas em suas vidas ocupadas. Por exemplo, elas colocam uma palavra, um rosto, uma imagem, ou um símbolo no computador, qualquer coisa que funcione como um lembrete. Ou decidem: "Sempre que o telefone tocar, vou fazer uma pausa". Ou: "Quando ligar meu computador, farei uma pausa". Ou: "Ao abrir a geladeira, esperar na fila, ou escovar os dentes..." Você pode usar como lembrete qualquer coisa que aconteça com frequência durante o dia. Não importa o que estiver fazendo, pare por alguns segundos e respire fundo três vezes.

Algumas pessoas me disseram que acham enervante parar o que estão fazendo. Um homem falou que, quando interrompe uma atividade, tem a sensação de morte. Isso demonstra o poder do hábito. Associamos agir como de costume com segurança, estabilidade e conforto. Sentimos, assim, que temos algo a que

PEMA CHÖDRÖN

nos apegar. Nosso hábito nos impele a mover-nos em alta velocidade, conversando com nós mesmos, e ocupando o espaço. Mas hábitos são como roupas. Podemos vesti-las e tirá-las. No entanto, como bem sabemos, quando nos apegamos às roupas, não queremos tirá-las. Temos a sensação de estarmos expostos demais, nus diante de todos; sentimo-nos perdidos, inseguros, sem saber o que está acontecendo.

Pensamos que é natural, mesmo sensato, evitar esses sentimentos desagradáveis. Se você decidir, com grande entusiasmo, que todas as vezes que ligar o computador fará uma pausa, poderá objetar: "Bem, *agora* não posso parar porque estou com pressa e tenho quarenta mil coisas para fazer." Achamos que essa incapacidade ou relutância em diminuir o ritmo está associada a circunstâncias externas, porque temos vidas muito ocupadas. Mas lhe direi que, nos meus três anos de retiro, descobri que não está associada à falta de tempo. Poderia estar sentada em minha saleta olhando o oceano, com o tempo todo do mundo à minha frente. Porém, ao meditar em silêncio, essa sensação desconfortável me envolvia; sentia que precisava apressar minha sessão para fazer algo mais importante. Quando vivenciei essa experiência, percebi que todos nós temos esse mecanismo de defesa *muito* arraigado. A sensação é, na verdade, a recusa de estar totalmente presente.

Em situações extremamente tensas, ou a qualquer momento, podemos nos desvencilhar de nossos hábitos baseados no medo fazendo apenas uma pausa. Assim, abrimos espaço para contatar a abertura natural de nossa mente e deixamos nossa inteligência natural emergir. A inteligência natural sabe, por intuição, o que nos acalmará e o que nos agitará ainda mais; essa pode ser uma informação que nos salvará a vida.

Quando fazemos uma pausa, também propiciamos a oportunidade de contatar nossa cordialidade natural. No momento em que as qualidades do coração despertam-se, elas interrompem nossa negatividade como nenhum outro recurso. Um soldado no Iraque contou a seguinte história: em um dia muito bonito, ele viu de novo seus colegas soldados, pessoas de quem gostava, explodirem no ar. E, mais uma vez, ele e todos os outros em sua divisão desejaram se vingar. Quando localizaram alguns iraquianos que, provavelmente, eram responsáveis pela morte de seus amigos, entraram na casa escura deles, e por causa da raiva e da situação claustrofóbica em que respiravam violência, os soldados expressaram sua frustração espancando os homens.

Então, quando iluminaram os rostos dos prisioneiros com a lanterna, viram que um deles era um menino com síndrome de Down.

Esse soldado americano tinha um filho com síndrome de Down. A visão do garoto partiu seu coração e, de repente, percebeu a situação de uma forma diferente. Sentiu o medo do menino e viu que os iraquianos eram seres humanos iguais a ele.

PEMA CHÖDRÖN

Seu bom coração era forte o suficiente para interromper seu ódio contido, e parou de brutalizá-los. Em um momento de compaixão natural, sua perspectiva da guerra e do que estava fazendo mudou.

Em geral, a maioria da população do mundo é incapaz de perceber quando está prestes a explodir, ou a pensar que é importante diminuir o ritmo da reação em cadeia. Em grande parte dos casos, a energia crescente traduz-se rapidamente em reações e discursos agressivos. No entanto, a inteligência, a cordialidade e a abertura estão sempre acessíveis. Se tivermos consciência das circunstâncias à nossa volta, podemos parar e revelar essas qualidades humanas básicas. O desejo de vingança, uma mente preconceituosa, tudo isso é temporário e passível de ser eliminado. Não é um estado permanente. Como Chögyam Trungpa dizia, "O equilíbrio mental é permanente, a neurose, temporária".

A fim de encarar com honestidade a dor em nossas vidas e os problemas do mundo, vamos começar a olhar com compaixão e sinceridade para nossas mentes. Podemos ficar íntimos com a mente do ódio, a mente que polariza, a mente que transforma alguém em "outro" moralmente condenável e com o comportamento incorreto. Descobrimos com grande ternura o lobo zangado, hostil, que não perdoa. Ao longo do tempo, essa parte de nosso ser torna-se familiar, porém não mais a alimentamos. Em vez disso, somos capazes de escolher alimentar a receptividade, inteligência e cordialidade. Essa escolha, essas atitudes e ações subsequentes assemelham-se a um remédio que tem o potencial de curar qualquer sofrimento.

2

O APRENDIZADO DA PERMANÊNCIA

O foco essencial desse caminho da escolha sábia, do treinamento para diminuir o ritmo da agressão em contínuo crescimento, é aprender a estar presente. Fazer pausas bem curtas durante o dia é uma maneira que quase não requer esforço para atingir esse caminho. Por alguns segundos, podemos estar presentes. A meditação é outro modo de treinar o aprendizado da permanência, ou, como um aluno disse com mais perspicácia, aprender a voltar ao momento presente. Na realidade, qualquer pessoa que já tenha tentado meditar percebe muito rápido que poucas vezes estamos totalmente presentes. Lembro-me de quando recebi pela primeira vez uma orientação de como meditar. Parecia tão simples: sente-se, coloque-se em uma posição confortável, e respire conscientemente. Quando a mente devanear, retorne com suavidade e concentre-se em sua respiração. Pensei,

"Isso será fácil". Então, alguém bateu em um gongo marcando o início da meditação. Só descobri que divagara sem me concentrar na respiração quando bateram o gongo de novo para encerrar a sessão. Passei o tempo inteiro com o pensamento perdido.

Na ocasião, pensei que era alguma falha minha, e se persistisse na meditação logo a faria com perfeição, atenta a cada respiração. Talvez, às vezes, eu me distraísse com alguma coisa, mas na maior parte do tempo queria estar presente. Passaram-se cerca de 30 anos desde então. Algumas vezes, minha mente está inquieta. Em outras, está tranquila. Às vezes, a energia agita-se. Algumas vezes, acalma-se. Tantas coisas acontecem quando meditamos, desde pensamentos, diminuição da respiração a imagens visuais, desconforto físico e angústia para atingir a máxima vivência. Tudo isso acontece, e a atitude básica é: "Nada de especial". O ponto decisivo é que, durante todo esse processo, exercitamo-nos a sermos abertos e receptivos a qualquer coisa que surgir.

Observei o seguinte nas pessoas atentas: elas têm plena consciência do que acontece em torno. Suas mentes não devaneiam. Elas permanecem alertas no caos, no silêncio, em um parque de diversões, em um pronto-socorro, na encosta de uma montanha: são completamente receptivas e abertas ao que está acontecendo. Isso é, ao mesmo tempo, a coisa mais simples e mais profunda, assim como a pausa contínua.

O APRENDIZADO DA PERMANÊNCIA

Mas, sem dúvida, precisamos de enorme estímulo e conselho prático para estar presente aqui e agora e nos abrirmos para a vida. Definitivamente, não é nossa reação habitual. Meus professores budistas Chögyam Trungpa e Dzigar Kongtrül Rinpoche usaram uma analogia útil para descrever o desafio da plena consciência do desconforto da vida. Eles dizem que nós, seres humanos, somos iguais a crianças pequenas com um caso grave de intoxicação pelo contato com uma hera venenosa. Como queremos aliviar o desconforto, começamos a nos coçar, o que nos parece uma reação totalmente razoável. Diante de qualquer coisa da qual não gostamos, tentamos por instinto esquivar-nos. Em outras palavras, o fato de se coçar é nossa maneira habitual de escaparmos, tentando livrar-nos do nosso desconforto básico, a ansiedade vital da inquietação e insegurança, ou de uma sensação muito desagradável: a sensação de que algo ruim está prestes a acontecer.

Mas não sabemos que, ao nos coçarmos, o veneno da hera espalha-se. Logo estaremos coçando o corpo inteiro e, em vez de sentir alívio, aumentamos nosso desconforto.

Nessa analogia, a criança é levada ao médico para ser medicada. Isso é equivalente a encontrar um guia espiritual, receber ensinamentos, e começar a prática da meditação. A meditação pode ser descrita como um aprendizado para suportar a irritação cutânea e a vontade intensa de nos coçar, sem reagirmos. Com a meditação exercitamos nossa capacidade de acalmar

PEMA CHÖDRÖN

nossas sensações, inclusive a vontade crescente de se coçar, a vontade acumulativa de evitar o desconforto a qualquer preço. Treinamos estar presentes, abertos e receptivos, não importa o que aconteça.

No entanto, sozinhos com nossos recursos, sempre nos coçaremos, em busca do alívio que nunca acharemos. Porém o médico nos dá um conselho sábio: "Você está com um caso grave de intoxicação pelo contato com uma hera venenosa. É perfeitamente curável, mas tem de seguir algumas instruções precisas. Se continuar se coçando a erupção ficará muito pior. Pode ter certeza. Então, aplique este remédio que o ajudará a se curar. Assim, seu desconforto aos poucos diminuirá e, por fim, cessará." Se a criança amar a si mesma e quiser curar-se, essa criança que está sofrendo seguirá as prescrições do médico. Ele ou ela perceberá a lógica óbvia nas palavras do médico e suportará o desconforto de curto prazo de sentir coceira, sem se coçar. E, então, gradualmente, a criança colherá o benefício. Não é o médico ou ninguém mais que será recompensado: é você quando notar que a erupção começa a melhorar, e a vontade de se coçar aos poucos desaparece.

Como muitos de nós sabemos, em especial aqueles que têm vícios fortes, demoraremos muito tempo para aprender a conviver com a coceira. Entretanto, esse é o único caminho. Se continuarmos a nos coçar, não só a erupção cutânea piorará, mas também nos veremos imersos cada vez mais no

O APRENDIZADO DA PERMANÊNCIA

inferno. Nossas vidas ficarão mais e mais descontroladas e desconfortáveis. As três maneiras clássicas de procurar alívio em lugares errados são a busca do prazer, o entorpecimento dos sentidos e a agressão: ou as ignoramos ou nos apegamos a elas. Ou talvez possamos desenvolver o hábito de remoer o que nos obceca, de enraivecer-nos com as pessoas ou de entregar-nos ao ódio.

Os ensinamentos budistas dizem que a raiz de nosso descontentamento é nossa personalidade autocentrada e o medo de concentrar nossa atenção no momento presente. Facilmente, podemos nos transformar de pessoas abertas e receptivas — um sentimento vivo e alerta — em pessoas introvertidas. Mais uma vez, sentimos desconforto e procuramos um alívio rápido, que nunca atinge a raiz do problema. Somos iguais a um avestruz enfiando a cabeça na areia com a esperança de encontrar conforto. Essa fuga de tudo que é desagradável, esse ciclo contínuo de evitar o presente é uma reação egoísta, um apego exagerado a si mesmo, ou ao ego.

Uma das metáforas para se referir ao ego é um casulo. Ficamos dentro de nosso casulo porque temos medo, o medo de nossos sentimentos e das reações que a vida vai provocar. Tememos o que pode nos acontecer. Mas se essa estratégia de esquivar-se funcionasse, Buda não teria precisado ensinar nada, porque nossas tentativas de fugir da dor, as quais todos os seres humanos instintivamente recorrem, teriam resultado em segurança, felici-

PEMA CHÖDRÖN

dade e conforto, e não existiriam problemas. Porém, como Buda observou, a autoabsorção, essa tentativa de encontrar zonas de segurança, gera um terrível sofrimento. Ela nos debilita, o mundo torna-se mais aterrador, e nossos pensamentos e emoções passam a ser cada vez mais ameaçadores.

Existem muitas abordagens para discutir o ego, mas, na essência, é o que mencionamos. É a experiência de nunca estar presente. Existe uma tendência arraigada, quase uma compulsão, para desviar a atenção, mesmo quando não estamos conscientemente nos sentindo desconfortáveis. Todas as pessoas sentem-se um pouco ansiosas. Há um pano de fundo de nervosismo, tédio e inquietude. Como relatei, durante o período do meu retiro, quando não havia quase distrações, mesmo assim vivenciei esse profundo desconforto.

Segundo a explicação budista, sentimos essa sensação desagradável, porque estamos sempre tentando ter uma estrutura firme e quase nunca conseguimos. Estamos sempre buscando um ponto de referência permanente que não existe. Tudo está sempre em mutação, fluindo, transitório e aberto. Nada se define com clareza como gostaríamos. Essas não são más notícias, mas somos programados para negá-las. Não temos nenhuma tolerância em relação à incerteza.

Aparentemente, essa insegurança é uma reação do ego à natureza da mudança da realidade. Temos tendência a achar que a instabilidade de nossa situação é extremamente desconfortá-

O APRENDIZADO DA PERMANÊNCIA

vel. Todos conhecem essa insegurança básica e, com frequência, a vivenciamos como um fato horrível. Durante meu retiro de três anos, havia no local uma mulher de quem eu fora amiga íntima. No entanto, algo acontecera entre nós, e agora sentia que ela me odiava. Estávamos juntas em um prédio muito pequeno e tínhamos de nos cruzar nos corredores estreitos, e não havia uma maneira de nos esquivarmos. Estava muito zangada e não falava comigo, o que me causou sentimentos de profunda impotência. Minhas estratégias habituais não estavam funcionando. Continuava a sentir a dor de não ter um ponto de referência, nenhuma confirmação. As formas que sempre usara para me sentir segura e no controle das situações haviam desmoronado. Tentei todas as técnicas que havia aprendido durante anos, mas nada funcionou.

Então, em uma noite, como não conseguia dormir, fui para a sala de meditação e sentei-me lá a noite inteira. Estava apenas sentada, sentindo uma dor crua e quase vazia de pensamentos. De repente, algo aconteceu: tive um *insight* de extrema clareza de que toda a minha personalidade, toda a minha estrutura ególatra, baseava-se em não querer ir para esse lugar instável. Tudo o que fiz, meu modo de sorrir, de falar com as pessoas, de tentar agradar a todos, foi uma estratégia para evitar esse sentimento. Percebi que a nossa fachada, nossa pequena canção e dança que todos fazemos, fundamenta-se na tentativa de evitar a instabilidade que permeia nossas vidas.

Com o aprendizado da permanência, tornamo-nos muito familiarizados com esse lugar instável e, pouco a pouco, ele deixa de ser ameaçador. Em vez da ansiedade, permanecemos presentes. Não mais investimos em tentativas constantes de nos afastar da insegurança. Achamos que encarar nossos demônios trará à lembrança algum acontecimento traumático ou a descoberta de que não temos nenhum valor. Mas, ao contrário, é justamente enfrentando essa sensação desconfortável e inquietante de não ter um lugar para fugir que descobriremos — imagine o quê? — que sobrevivemos e não iremos desmoronar, sentimos um profundo alívio e uma sensação de liberdade.

Uma maneira de praticar a permanência é fazer uma pausa, ficar alerta e respirar fundo três vezes. Outra maneira é sentar-se imóvel por algum tempo e escutar. Ouça os sons da sala. Por um minuto, escute os sons próximos a você. Por um instante, ouça os sons distantes. Só escute com atenção. O som não é bom nem ruim. É apenas um som.

Talvez, durante essa experiência de escutar, você descubra que tem a capacidade de atenção, de estar presente e alerta. Por outro lado, sua mente pode ter divagado. Se isso acontecer, caso o objeto da meditação seja a respiração, um som, uma sensação ou um sentimento, quando notar que sua mente divagou, retorne ao estado anterior com suavidade. Você retorna porque o presente é muito precioso e efêmero, e, sem algum ponto de referência para recorrer, jamais perceberemos que devaneamos. E que, mais uma vez, procuramos uma alternativa para estar plenamente consciente do momento presente, de estar presente perante as circunstâncias como são de fato e não como preferiríamos que fossem.

3

O HÁBITO DE FUGIR

Todos nós temos tendência a evitar o momento presente. É como se esse hábito fizesse parte do nosso DNA. No nível mais básico, pensamos o tempo inteiro, e isso desvia nossa atenção. Em seus ensinamentos sobre fantasia e realidade, Chögyam Trungpa dizia que estar totalmente presente, em contato com o imediatismo de nossa experiência, significa realidade. Ele descrevia a fantasia como estar perdido em pensamentos. A maioria das pessoas que dirige na autoestrada a 137 quilômetros por horas está distraída. Aparentemente, temos uma espécie de piloto automático que nos mantém na estrada, ou que nos permite fazer inúmeras tarefas ao mesmo tempo, ou nos alimentar, todas as coisas que fazemos sem pensar. Esse padrão de distração, de não estar presente em toda plenitude, de não contatar o imediatismo de nossa experiência é considerado normal.

Segundo o budismo, temos fortalecido esse hábito de abstração vida após vida. Mas se não acreditar em ressurreição, apenas esta vida é suficiente para ver como se abstrai. Desde criança, fortalecemos o hábito de fugir, escolhendo a fantasia em vez da realidade. Infelizmente, encontramos muito conforto em devanear, em nos voltarmos para nossos pensamentos, preocupações e planos. Isso nos dá uma sensação agradável de falsa segurança.

Certa vez, ouvi um ensinamento muito útil de Dzigar Kungtrül, que aprofunda a discussão sobre esse padrão de fuga da realidade. É um ensinamento sobre *shenpa*. Em geral, a palavra tibetana *shenpa* traduz-se por "apego", porém essa tradução sempre me pareceu muito abstrata, porque não revela a importância da *shenpa* e seu efeito em nós.

Uma tradução alternativa poderia ser "fisgado", no sentido de ser fisgado, ou aprisionado. Todas as pessoas gostam de ouvir ensinamentos de como libertarem-se de situações desagradáveis, porque esse sentimento dirige-se a uma fonte comum de dor. Em termos da metáfora da hera venenosa — a coceira e a ânsia de se coçar —, a *shenpa* representa também nossa ansiedade e a vontade de se coçar. Ela nos impele a fumar um cigarro, a comer demais, a beber mais um drinque, a dizer alguma coisa maldosa ou a contar uma mentira.

É assim que a *shenpa* surge em nossas experiências cotidianas. Alguém diz uma palavra áspera, e você fica tenso: instantaneamente, somos fisgados. A tensão logo se manifesta em culpar a pessoa ou nos depreciar. A reação em cadeia de falar, agir ou nos tornarmos obsessivos acontece com rapidez. Tal-

O HÁBITO DE FUGIR

vez, se tiver vícios, você se voltará a ele para encobrir os sentimentos desconfortáveis. Isso é muito pessoal. O que é dito penetra em você e inicia um processo interno. Talvez não incomode outra pessoa, mas estamos falando do que toca sua ferida, o lugar ferido da *shenpa*.

A *shenpa*, fundamental e básica, é o apego ao ego: apego à nossa identidade, à imagem que temos de nós. Ao vivenciarmos nossa identidade como seres ameaçados, nossa egolatria intensifica-se, e a *shenpa* automaticamente aparece. Então, nos agarramos a esse apego às nossas posses, ou aos nossos pontos de vista e opiniões. Por exemplo, alguém critica você. Critica sua opinião política, sua aparência, seu melhor amigo. A *shenpa* está presente. Assim que as palavras forem registradas, ela se manifesta. A *shenpa* não exprime pensamentos ou emoções *per se*. Ela não se verbaliza, mas gera pensamentos e emoções rapidamente. Se ficar atento, perceberá o momento em que isso acontece.

Se captá-la logo que aparece, quando ainda for uma pequena tensão, um ligeiro recuo, uma pressão sob o colarinho, ainda é uma reação perfeitamente viável de lidar. Assim, estimulamos nossa curiosidade em relação a esse ímpeto para fazer coisas habituais, de fortalecer um padrão repetitivo. Sentimos uma sensação física e, ainda mais interessante, jamais nova. Sempre tem um gosto familiar. E um cheiro familiar. Quando começamos a nos relacionar com a *shenpa*, sentimos que esse contato sempre existiu. Percebemos a insegurança subjacente, que é inerente a um mundo em mudança, instável, inconstante. A insegurança que todas as pessoas sentem enquanto persistem a lutar para ter uma estrutura sólida.

Quando alguém diz algo que o irrita, não é preciso querer saber a razão. Isso não é uma autoanálise, uma exploração do trauma. Pode ser apenas "Uh-oh", e você fica tenso. Em geral, não percebemos essa reação da primeira vez. É mais comum reagirmos ou nos reprimirmos ao notar que fomos fisgados.

Dzigar Kungtrül diz que a *shenpa* é a carga atrás das emoções, dos pensamentos e palavras. Por exemplo, quando as palavras estão impregnadas de *shenpa*, elas, com facilidade, convertem-se em palavras de ódio. Qualquer palavra pode transformar-se em um insulto racial, em uma linguagem agressiva, quando tem a força e o impulso da *shenpa* por trás. Você fala a palavra *shenpa*, e ela provoca *shenpa* nos outros, que respondem defensivamente. Se não a controlar, a *shenpa* assemelha-se a uma doença extremamente contagiosa que se espalha com rapidez.

Existe, hoje, uma palavra que se usa comumente para depreciar os povos do Oriente Médio. Soube que a ensinam aos soldados americanos antes de enviá-los para lá. A palavra é *haji*. Um soldado contou-me que é normal ouvir: "Tudo bem, eles não passam de *hajis*", como uma justificativa para maltratar ou matar civis inocentes. O doloroso é que, na cultura islâmica, a palavra tem uma conotação muito positiva. É o termo honorífico para designar alguém que fez a peregrinação à cidade sagrada de

Meca. Portanto, as palavras por si só são neutras e modificam-se dependendo da carga que lhes impomos. Se houver a carga da *shenpa*, a palavra *haji* avilta as pessoas. Torna-se a linguagem do ódio e da violência. Sem essa carga, sem esse estímulo, a palavra causa reações completamente diferentes nos corações e nas mentes daqueles que a escutam.

Todos nós usamos palavras *shenpa*. Podemos tentar não utilizar as que causam insultos raciais, mas temos outras maneiras de menosprezar os outros. Quando não gostamos de alguém, até mesmo seu nome pode se tornar uma palavra *shenpa*. Por exemplo, quando você fala de sua rival da vida inteira, Jane, ou de seu irmão, Bill, a quem detesta, o tom da voz com que diz o nome deles transmite desprezo e agressão.

Você pode perceber a *shenpa* com muita facilidade nas pessoas. Por exemplo, está tendo uma conversa agradável com alguém, que o escuta. De repente, depois que fala algo, sente a tensão nele. De alguma forma, nota que tocou em uma área sensível. Você vê a *shenpa* dele, porém ele não tem consciência disso.

Quando percebemos com clareza o que está acontecendo com outra pessoa, acessamos nossa inteligência natural. Sabemos instintivamente que a coisa importante que estamos tentando transmitir não será absorvida no momento. A pessoa retrai-se, ele ou ela fecha-se por causa da *shenpa*. Nossa sabedoria natural nos diz para calar-nos e não insistir em nosso ponto de

PEMA CHÖDRÖN

vista; intuitivamente sentimos que ninguém vencerá a discussão se disseminarmos o vírus da *shenpa*.

Sempre que houver desconforto, inquietação ou tédio — sempre que houver insegurança sob qualquer forma — a *shenpa* surge. Isso acontece com todos nós. Se nos familiarizarmos com essa sensação, sentiremos seu desconforto. Podemos vivenciar completamente a *shenpa* e aprender ao longo do tempo que o melhor é não a acionar.

A falta de reação, ou o ato de frear o ímpeto de reagir, é uma atitude muito interessante. É também chamada de renúncia nos ensinamentos budistas. A palavra tibetana para renúncia é *shenluk*, o que significa virar a *shenpa* de cabeça para baixo, fazendo uma mudança drástica. Significa desvencilharmo-nos. A renúncia não significa abdicar de comida, sexo, ou do estilo de vida. Não estamos renunciando à vida em si. Queremos diminuir nosso apego, a *shenpa* que atribuímos aos fatos da vida.

Em geral, o budismo estimula a não rejeitar o que é problemático e sim a nos familiarizarmos com os problemas. Por isso, precisamos conhecer nossa *shenpa*, observá-la com clareza, vivenciá-la plenamente, sem reagir ou nos reprimir.

Se estivermos dispostos a conhecer nossa *shenpa*, deixando-a nos afetar, nossa inteligência natural começará a nos guiar. Passaremos a prever a cadeia inteira de reação e aonde ela nos levará. Teremos acesso a uma sabedoria baseada em compaixão por si mesmo e pelos outros independente dos te-

O HÁBITO DE FUGIR

mores do ego. É uma parte de nós que sabe que pode conectar e viver de nossa bondade essencial, de nossa inteligência básica, abertura e cordialidade. Ao longo do tempo, esse conhecimento se fortalece mais que a *shenpa*, e interrompemos com naturalidade a reação em cadeia antes que comece e, assim, evitamos o rompante da agressão.

Em meu treinamento, sempre fui instruída a não cair no impasse de aceitar ou rejeitar, nem cair na armadilha de uma mente tendenciosa. Chögyam Trungpa era particularmente enfático a esse respeito. Certa vez, ele me fez a seguinte pergunta: isso significa que eu não deveria ter preferências como gostar mais de uma flor ou de uma comida do que de outra? Era problemático não gostar do gosto de cebola crua ou do cheiro do óleo de *patchouli*? Ou ter mais afinidade com o budismo do que com outra filosofia ou religião?

Quando ouvi o ensinamento sobre *shenpa*, meu dilema solucionou-se. Não se trata de preferências, mas, sim, da *shenpa* por trás delas. Se sentir repugnância diante de cebolas cruas, se a visão delas provoca aversão, então o preconceito é profundo. Estou sem dúvida fisgada. Caso comece uma campanha contra cebola crua ou escreva um livro criticando o óleo de *patchouli*, ou ataque outra filosofia ou religião, a *shenpa* dominará. Minha mente e meu coração estarão fechados. Estou tão imbuída de minhas concepções e opiniões que os que pensam de forma diferente tornam-se meus adversários. Eu me converterei em uma

PEMA CHÖDRÖN

fundamentalista: alguém que tem uma certeza tão profunda de sua visão que fecha a mente para aqueles que pensam de outra maneira. Por outro lado, Martin Luther King Jr. e Gandhi são exemplos de como podemos ter uma posição e expressá-la com firmeza sem a *shenpa*. Como eles demonstraram, o fato de não carregar a *shenpa* dentro de si não leva à complacência e sim a uma mente aberta e à compaixão.

É claro, somos fisgados por experiências positivas, assim como por experiências negativas. Quando de fato queremos algo, em geral, a *shenpa* está presente. Isso é uma experiência muito comum na meditação. Ao meditar, você sente um equilíbrio, uma calma, uma sensação de bem-estar. Talvez os pensamentos oscilem, porém eles não o seduzem, e você é capaz de voltar ao momento presente. Não há um sentimento de luta. Então, ironicamente, você se apega ao sucesso. "Eu agi certo e recebi o merecido, é assim que sempre deve ser. Esse é o modelo." No entanto, não existe "certo" ou "bom", foi apenas um acontecimento. Por causa da *shenpa*, você foi fisgado pela experiência positiva.

Assim, na próxima vez que meditar, você fica obcecado por alguém em casa, um projeto inacabado no trabalho, algo delicioso para comer. Você se preocupa e aflige-se, ou sente medo ou desejo, e quando tenta controlar sua mente que age como um cavalo selvagem ela se recusa a ser domada. No final, você sente que foi uma meditação horrível, e censura-se porque falhou. Porém, não foi "ruim", foi só uma experiência. Devido à *shenpa*, você se apegou a uma autoimagem de fracasso. É nesse momento que você se imobiliza.

O aspecto triste é que tentamos não sentir esse desconforto subjacente. Ainda mais triste é o fato de que continuamos a seguir esse caminho, e o desconforto aumenta. A mensagem aqui é que a única maneira de aliviar nossa dor é vivenciá-la totalmente. Aprender a não se esquivar. Aprender a conviver com o desconforto, aprender a viver com a tensão, aprender a coexistir com a sensação desagradável de ansiedade da *shenpa*, para que a cadeia de reação habitual não continue a governar nossas vidas, e os padrões que consideramos inúteis não se fortaleçam cada vez mais à medida que os dias e meses passem. Um dia, alguém me enviou um pingente em forma de um osso de cachorro que podia ser usado em um cordão em torno do pescoço. Em vez do nome de um cachorro, estava escrito "Sente-se. Permaneça. Cure". Podemos nos curar e ao mundo com esse treinamento.

Depois que reconhecemos como agimos, como somos fisgados e nos deixamos levar pelos acontecimentos, é difícil ser arrogante. Esse reconhecimento sincero o suaviza, o faz se sentir humilde no bom sentido. Também começa a lhe dar confiança em sua bondade essencial. Quando não estamos cegos pela intensidade de nossas emoções, quando abrimos um pouco de espaço, uma chance para um intervalo, ou fazemos uma pausa,

PEMA CHÖDRÖN

naturalmente saberemos como agir. Começamos, em razão de nossa sabedoria, a seguir em direção ao relaxamento e à coragem. Devido à nossa sabedoria, aos poucos paramos de fortalecer hábitos que só causam mais dor ao mundo.

4

O MOVIMENTO NATURAL DA VIDA

Somos uma mistura de agressão e de gentileza amorosa, um coração empedernido e uma receptividade suave, uma mente tacanha e uma mente aberta pronta a perdoar. Não temos uma identidade fixa, previsível que faça com que alguém diga "Você sempre foi assim. Você sempre foi igual".

A energia da vida nunca é estática. É variável, fluida e mutável como o tempo. Algumas vezes gostamos de como estamos nos sentindo, outras não, e vice-versa. Existe uma contínua alternância de felicidade e tristeza, conforto e desconforto. Isso acontece com todas as pessoas.

Mas por trás de nossas concepções e opiniões, nossas esperanças e temores em relação aos acontecimentos, a energia dinâmica da vida está sempre presente, imutável perante nossas reações de gostar e detestar.

PEMA CHÖDRÖN

A maneira com a qual nos relacionamos com esse fluxo dinâmico de energia é um fator importante. Aprendemos a relaxar com ele, reconhecendo-o como nossa base essencial, como uma parte natural da vida; por outro lado, o sentimento de incerteza, de não ter nada em que se segurar, pode causar pânico e, instantaneamente, a reação em cadeia inicia-se. Entramos em pânico, somos fisgados e, então, nossos hábitos prevalecem e pensamos, falamos e agimos de uma maneira muito previsível.

Nossa energia e a energia do universo estão sempre fluindo, mas temos pouca tolerância à imprevisibilidade, e pouca capacidade para ver a nós mesmos e o mundo como algo estimulante e fluido que é sempre renovado. Em vez disso, nós nos apegamos a uma rotina, a rotina monótona de "eu quero" e "eu não quero", a rotina da *shenpa*, a rotina que continuamente nos aprisiona em nossas preferências pessoais.

A fonte de nosso desconforto é o desejo jamais saciado de certeza e segurança, de algo sólido em que se segurar. Inconscientemente, esperamos que se conseguíssemos o trabalho certo, o parceiro certo, *qualquer coisa* certa, nossas vidas fluiriam com mais suavidade. Quando alguma coisa inesperada ou que não gostamos acontece, pensamos que algo deu errado. Creio que essa não é uma maneira exagerada de exprimir como nos sentimos. Mesmo no nível mais mundano, reagimos aos fatos externos com muita facilidade — alguém passa à nossa frente, temos alergias de acordo com a época do ano, nosso restauran-

O MOVIMENTO NATURAL DA VIDA

te favorito está fechado ao chegarmos para jantar. Nunca somos estimulados a sentir o fluxo e o refluxo de nossos humores, de nossa saúde, do tempo ou dos acontecimentos externos, agradáveis e desagradáveis, em sua plenitude. Em vez disso, permanecemos prisioneiros do medo, de padrões mesquinhos para evitar a dor e procuramos sem cessar o conforto. Isso é um dilema universal.

Ao fazermos uma pausa, um intervalo, e respirarmos fundo, sentimos um novo alento. De repente, nos acalmamos, observando o mundo. Pode ser a sensação de estar por alguns instantes no centro de um furacão ou em uma roda imóvel. Nosso humor pode ficar agitado ou alegre. O que vemos e ouvimos pode ser o caos ou o oceano, as montanhas, ou pássaros voando no céu azul límpido. Quaisquer que sejam nossas sensações, momentaneamente nossa mente imobiliza-se e não somos puxados nem empurrados pelo que vivenciamos. Ou essa pausa pode ser inadequada, amedrontadora, impaciente, como uma autoconsciência embaraçosa.

A abordagem aqui é radical. Somos estimulados a nos sentir confortáveis, a começar a relaxar, a nos deixarmos levar pelas sensações, *qualquer* que seja a experiência. Somos encorajados a interromper a sucessão de acontecimentos e parar, observar e respirar. Ou seja, concentrar a atenção no momento presente por alguns segundos, alguns minutos, algumas horas, a vida inteira, com nossas energias mutáveis e a impre-

PEMA CHÖDRÖN

visibilidade da vida à medida que ela se desdobra, comparti-lhando em toda sua plenitude todas as experiências como elas se apresentam.

Nessa jornada do despertar, essa jornada de aprender a estar presente, é muito útil reconhecer a *shenpa* quando ela provoca uma reação. Pode ser uma manifestação sutil, um recuo ligeiro, uma tensão involuntária, ou um choque total e extremamente carregado. Na verdade, não importa se a *shenpa* vier como brasa ou como um incêndio violento em uma floresta. Se der o primeiro passo e perceber que foi fisgado, já estará interrompendo uma antiga reação habitual. Que já interrompeu o movimento, mesmo que por pouco tempo, de acionar o piloto automático e fugir. Você está desperto, consciente de que foi fisgado e, neste momento, você tem uma escolha: pode fortalecer ou não a *shenpa*. É um momento de extrema tensão no qual você aumenta aos poucos a intensidade, ou escolhe se imobilizar e vivenciar a energia desconfortável sem lutar.

Em vez de ver a *shenpa* como um obstáculo a ser transposto, é melhor considerá-la uma oportunidade de transformação, uma porta aberta para o despertar. Quando percebo que fui impelida a agir, penso que é um momento neutro, um momento no tempo, um momento de verdade que pode seguir qualquer rumo. É um momento precioso para começarmos a fazer escolhas que levarão à felicidade e à liberdade, e não a escolhas que acarretarão um sofrimento desnecessário e à im-

O MOVIMENTO NATURAL DA VIDA

precisão de nossa inteligência, cordialidade, e de nossa capacidade de continuarmos receptivos e presentes no movimento natural da vida.

Ulisses, o herói da antiga mitologia grega, exemplifica a coragem ao escolher conscientemente ficar receptivo e presente quando a tentação de desistir é intensa. Na viagem marítima de volta à Grécia depois da guerra de Troia, Ulisses sabia que seu navio atravessaria uma área muito perigosa habitada por lindas donzelas conhecidas como sereias. Ele fora prevenido que o apelo dessas mulheres era irresistível e que os marinheiros não conseguiam evitar a tentação de se dirigirem a elas; assim, despedaçavam os barcos nas rochas e afogavam-se. Mas Ulisses queria ouvir o canto das sereias. Ele conhecia a profecia que, se alguém ouvisse suas vozes e resistisse a procurá-las, as sereias perderiam o poder para sempre e definhariam até morrer. Esse desafio motivou-o.

Assim que o navio aproximou-se da terra natal das sereias, Ulisses disse aos seus homens para colocarem cera em seus ouvidos e o amarrarem bem apertado no mastro, instruindo-os que por mais que lutasse e gesticulasse, não importa quanto mais colérico ficasse ordenando que cortassem as cordas, eles não o desamarrariam até que o navio chegasse a um ponto familiar da terra, bem distante do som do canto das sereias. Essa história, é claro, teve um final feliz. Os homens seguiram suas instruções, e Ulisses venceu o desafio. Em um grau maior ou menor, todos nós teremos de passar por um desconforto simi-

PEMA CHÖDRÖN

lar, para não seguir o apelo de nossas sereias pessoais e atravessar a porta aberta do despertar.

Cada um de nós pode ser um participante ativo na criação de um futuro sem violência, apenas com a forma com que trabalhamos a *shenpa* no momento em que surge. Hoje, a maneira como reagimos ao sermos fisgados tem implicações globais. Nesse momento neutro, com frequência de extrema tensão, conscientemente escolhemos fortalecer nossos antigos medos baseados no hábito, ou vivenciamos em sua plenitude a energia agitada e inquieta, deixando-a se desdobrar e fluir com naturalidade. Não haverá falta de oportunidades ou material para trabalhar.

Ao examinar com atenção esse processo de mudança, como faço há anos, é fácil notar que é preciso coragem para relaxar com nossa energia dinâmica tal como ela é, sem cisão ou uma tentativa de se esquivar. É preciso a coragem, determinação e curiosidade de um Ulisses para permanecermos abertos e receptivos à energia da *shenpa*, à irritação cutânea e à ansiedade da *shenpa*, e não reagirmos da forma habitual.

5

LIBERTANDO-SE DE ANTIGOS HÁBITOS

Observei três características da *shenpa*. Primeiro, nossa história a estimula. Em segundo lugar, ela surge sempre subjacente ao sentimento predominante. E terceiro, sempre tem consequências, em geral, desagradáveis. Por exemplo, sentimo-nos solitários e, automaticamente, a *shenpa* aparece, seu momento neutro entra em cena. Mas, em vez de percebermos o que está acontecendo, de controlarmos a energia, mordemos o anzol e comemos demais, tomamos uma bebedeira, ou agredimos os outros. Depois, acontece o efeito *pós-shenpa*. Sentimo-nos culpados e nos desprezamos por termos mais uma vez nos descontrolado. Esse fluxo cíclico pode se prolongar por anos, com uma *shenpa* que provoca uma reação em cadeia que gera uma *shenpa* posterior e assim por diante.

Nesse processo de explorar a *shenpa*, compreendi que é essencial interromper a sucessão de acontecimentos. Nossas conversas internas nesse momento neutro quando percebemos que fomos fisgados provocam uma leve sensação de desconforto, uma tensão vaga em nossa mandíbula ou estômago, palavras grosseiras, gestos de rejeição, ou até mesmo violência. Porém, se não a estimularmos, se não a congelarmos com nossas sensações, a energia diminuirá e, depois, fluirá com naturalidade.

Na meditação, somos treinados a perceber nossos pensamentos e, em seguida, deixá-los ir e, vir até ficarem totalmente presentes, de volta ao que Chögyam Trungpa chamava de quadrado um. Você retorna ao quadrado um e, mesmo se ele estiver impaciente, inquieto e cheio de *shenpa*, assim mesmo você retorna. A *shenpa* em si não é o problema e sim a falta de percepção que fomos fisgados e que inconscientemente causa a reação. Para neutralizar esse problema, concentramos nossa atenção compassiva ao fato de termos sido fisgados e sua consequência, a familiar reação em cadeia. Somos treinados a interromper seu fluxo e, assim, o estímulo da *shenpa* desaparece.

Isso é uma prática difícil porque, sem dúvida, ficamos em uma posição muito delicada. Quando não agimos de modo habitual, sentimos dor. Eu chamo isso de período de desintoxicação. Há tanto tempo reagimos de uma maneira igual e previsível para nos libertarmos desse sentimento inquietante, desconfortável e vulnerável e, agora, deixamos de seguir esse padrão. Por isso, temos essa sensação desagradável. Isso requer o hábito e a aptidão para praticar a gentileza e paciência. Requer abertura e curiosidade para observar o que ocorre a seguir. O que acontece quando você não estimula o desconforto com suas sensações? O que acontece quando você aceita essa energia mutável, fluida e universal? O que acontece se fizer uma pausa e não resistir ao movimento natural da vida?

Nesse processo, aprendemos com muita rapidez a perceber o que acontece quando você *não* aceita a energia. Como mencionei, nossa história alimenta a *shenpa*, que, então, surge com suas consequências.

A reação pode ser muito forte. Como Dzigar Kungtrül diz, uma das qualidades da *shenpa* é sua persistência. A ânsia de se vingar, o poder do desejo, a força do hábito assemelha-se a uma força magnética que nos impele a uma direção familiar. Então, optamos cada vez mais por uma satisfação interior de curto prazo que no decorrer do tempo nos aprisiona no mesmo ciclo. Se tiver feito isso muitas vezes, ou, em especial, se seguiu o ciclo conscientemente, sabe que as consequências são muito previsíveis.

Quando fazemos uma pausa, respiramos e aceitamos a energia, podemos prever com clareza para aonde o anzol nos levará. Aos poucos, essa compreensão, essa inteligência natural irá nos apoiar em nossa jornada para enfrentar a energia inquieta, nossa jornada para compartilhar em toda plenitude nossa experiência sem sermos seduzidos pela *shenpa* de "eu gosto disso" ou "não suporto esse sentimento". Certa vez, Dzigar Kungtrül disse que

PEMA CHÖDRÖN

podemos achar que um determinado sentimento é intolerável, mas, se não o enfrentarmos, ele se tornará cada vez mais intolerável. Shantideva, o mestre budista do século VIII, compara isso a se submeter de boa vontade a um tratamento médico doloroso para curar uma longa doença.

Existe uma prática formal para aprender a suportar a energia de emoções desagradáveis, que transforma o veneno das emoções negativas em sabedoria. Assemelha-se à alquimia, a técnica medieval de converter metal em ouro. Não nos livramos do metal — ele não é jogado fora e é substituído pelo ouro. Em vez disso, o metal bruto é a fonte do ouro precioso. Uma analogia usada habitualmente pelos tibetanos é o do pavão que come veneno para que as penas de sua cauda fiquem cada vez mais brilhantes e reluzentes.

Essa prática de transformação requer, em particular, que você permaneça aberto e receptivo à sua energia quando for estimulado. Ela inclui três etapas.

Etapa Um. Perceber o momento em que foi fisgado.

Etapa Dois. Fazer uma pausa, respirar três vezes conscientemente, e deixar-se levar pela energia. Apoie-se nela. Aceite-a. Vivencie totalmente a energia. Prove seu gosto. Toque-a. Cheire-a. Fique curioso a seu respeito. Como ela se comporta em seu corpo? Que pensamentos provoca? Torne-se íntimo da ansiedade e da angústia da *shenpa*, e continue a respirar. Uma parte dessa etapa é aprender a não ser seduzido pela força da *shenpa*. Como Ulisses, é possível ouvir o apelo das sereias sem se seduzir. É preciso permanecer consciente e compassivo, interrompendo sua força e evitando que cause dano. Não fale, não aja, e sinta a energia. Una-se à sua energia, com o fluxo e refluxo da vida. Em vez de rejeitá-la, aceite-a. Essa entrega é muito aberta, curiosa e inteligente.

Etapa Três. Depois, relaxe e siga sua vida sem que a prática converta-se em algo complicado, um teste de tolerância, uma competição em que você vence ou perde.

O maior desafio dessa prática é aceitar a energia inquieta, e permanecer consciente em vez de se esquivar automaticamente. No início, só conseguimos suportar o desprazer e sair da espiral da angústia por alguns breves momentos, porém o hábito retorna.

Meu querido neto de sete anos, Pete, é um excelente exemplo dessa experiência. Com frequência, ele se desanima diante da injustiça da vida. Pete tem uma receptividade maravilhosa e um grande senso de humor, mas quando está imerso em um dos seus conflitos, perde por algum tempo todo seu brilho e deixa que a trama de sua história prevaleça, como, por exemplo: "Meu irmão mais novo tem tudo, e eu nada. O mundo é injusto, e sou uma vítima." Tentar raciocinar com ele nesse momento é inútil. Logo, desestrutura-se e fica tão abalado que treme de raiva.

Pete era obcecado pela série *Star Wars* nessa época, e em um desses dias conflituosos perguntei: "Pete, o que Obi-Wan Keno-

PEMA CHÖDRÖN

bi faria?" A expressão de Pete ficou curiosa e receptiva. Notei que ele refletia sobre o que eu havia perguntado, e sentou-se empertigado e sorriu. De repente, revelou-se uma pessoa forte e confiante. Porém, não resistiu e recomeçou seu drama. Como sempre, o irmão tinha isso e aquilo, ele nunca ganhava nada, e desestruturou-se de novo. Em dado momento, falei mais uma vez em Obi-Wan Kenobi. E bem aos poucos ele se recuperou e retomou sua dignidade inata.

No início, todos nós sentimos algo semelhante. Podemos conectar nossa força interna, nossa abertura natural, por breves períodos antes que desapareçam. E isso é uma etapa excelente, heroica e importante no aprendizado de interromper e enfraquecer antigos hábitos. Se mantivermos o senso de humor durante a longa jornada, a capacidade de concentrar nossa atenção no momento presente evolui com naturalidade. Aos poucos, perdemos a vontade de fisgar o anzol e, gradualmente, eliminamos nossa agressividade.

Se escolhermos trabalhar com esse tipo de prática, é prudente começar a praticá-la com pequenas manifestações da *shenpa*, as pequenas irritações que acontecem o tempo inteiro. Se conseguirmos captar nossas emoções, perceber que fomos fisgados, e refletir sobre essas situações comuns do dia a dia, então, quando grandes conflitos surgirem, a prática estará à nossa disposição automaticamente. No entanto, estaremos cometendo um erro se pensarmos que podemos esperar até

LIBERTANDO-SE DE ANTIGOS HÁBITOS

surgir uma crise de grandes proporções para que a prática apareça espontaneamente.

O trânsito é um ótimo lugar para trabalhar a *shenpa*. Pense na quantidade irracional de tensão provocada pelos hábitos de dirigir das pessoas, ou quando alguém estaciona em um lugar que você achou que era seu. Em vez de só alimentar inconscientemente a irritação, pense que essa é uma oportunidade perfeita para realizar a prática da transformação.

Sinta que foi fisgado (com humor, se possível).

Pare, respire três vezes conscientemente, e se entregue à energia (com gentileza, se possível).

Relaxe e siga adiante.

A abordagem mais sensata é testar essa prática. Hoje, amanhã, agora, enquanto vivermos, praticaremos essa maneira de viver.

Algumas vezes, só aprendemos com as dificuldades. Sentimos que fomos fisgados, mas continuamos a agir como de hábito. Porém, é possível perceber aonde essa experiência nos levará. Quando estamos conscientes, aprendemos com nossos erros.

Eu tenho um exemplo de como isso pode ser doloroso. Certa vez, eu estava hospedada na casa da minha filha e, por alguma razão, sentia-me irritada e deprimida. Com esse estado de ânimo, recebi um *e-mail* desagradável, e a *shenpa*, que já se infiltrara, o estimulou com uma vontade de vingança. Todos vocês já devem ter tido essa experiência com *e-mail* ou mensagem de

PEMA CHÖDRÖN

voz. Como era domingo à noite, decidi evitar falar diretamente com a mulher que me enviara o *e-mail*, e resolvi ligar para o telefone do trabalho e deixar uma mensagem zangada. Quando chegasse ao escritório na segunda-feira, receberia a mensagem. Senti-me justificada porque sabia que eu estava em uma posição de poder e que conseguiria atingir meu objetivo, uma vez que essa empresa precisava de minha colaboração.

Deixei a história me cegar e pensei: "Vou dizer o que quero e vou colocá-la em seu lugar!" Hoje, retraio-me de vergonha ao lembrar as coisas odiosas e arrogantes que disse, praticamente no nível de "Você sabe com quem está falando?"

Quando desliguei o telefone, é óbvio que ainda estava presa nas garras da *shenpa*, convencida de que tinha agido certo ao ligar e teimosamente estimulei minha justa indignação. Minha filha escutara tudo, e eu nunca havia visto nada semelhante em seu olhar. Ela estava estupefata e considerei seu comentário a seguir como um grande cumprimento, porque, na época, eu tinha 68 anos e ela quarenta e poucos. Ela disse: "Mamãe, eu nunca vi você tão descontrolada". Achei que estava certa, porém a *shenpa* ainda me dominava, e continuei a justificar o que havia feito. Ao ver a expressão atônita da minha filha diante de minha explosão, por fim, recobrei o equilíbrio. Pensei comigo mesmo: "Hum, bem, agora está feito e vamos ver o que acontece".

O que aconteceu é que eu *consegui* exatamente o que queria, ou seja, em termos materiais, eu venci. Mas essa mulher nunca mais me viu da mesma forma. Até hoje, ela é muito educada e profissional, porém algo se alterou em seu coração, porque sempre pensara em mim como um professor espiritual e alguém com autocontrole e, em vez disso, ouviu uma mensagem de voz de uma bruxa neurótica. Não adiantou nada dizer que sentia muito, como falei quase um ano depois, não havia como reverter o que acontecera. Assim, recebi uma valiosa lição; algumas vezes aprendemos com experiências difíceis.

Shantideva lembra-nos que ao "dispensar pequenos cuidados", em aborrecimentos ligeiros, quando a *shenpa* não está muito carregada, "treinamos trabalhar diante de uma grande adversidade". Ao realizar o aprendizado para manter nossa dignidade, não perder o controle, não rejeitar nossa energia quando o desafio é razoável, treinamos para enfrentar tempos difíceis. É assim que nos preparamos para lidar com situações extremamente tensas, que podem surgir em nosso caminho em um futuro próximo ou distante.

É claro, não podemos prever que adversidades irão ou não acontecer, tanto em nossa experiência pessoal quanto na coletiva. As circunstâncias da vida podem melhorar ou piorar. Podemos herdar uma fortuna, ou nós ou aqueles a quem amamos podem ter uma doença incurável. É possível mudar para a casa que sempre desejamos, ou a casa onde moramos pode se destruir com um incêndio. Apesar da saúde perfeita, de um dia para outro, podemos ficar inválidos. No nível global, a situação pode

PEMA CHÖDRÖN

melhorar ou se deteriorar. A situação do meio ambiente e da economia podem se estabilizar, ou talvez ocorram desastres. Nunca temos certeza do caminho que as circunstâncias atuais irão trilhar ou o que acontecerá em seguida. No entanto, não é preciso ser um profeta da destruição nem viver em constante terror. Nossa situação é definitivamente viável. Quando aprendemos a não morder o anzol com os pequenos aborrecimentos do dia a dia, estamos aptos a lidar com *qualquer* acontecimento futuro com compaixão e sabedoria.

6

TEMOS O QUE PRECISAMOS

Nos ensinamentos budistas, somos encorajados a trabalhar com a turbulência de nossas mentes e emoções como a melhor maneira de dissipar a confusão e a dor. Em vez de ficar preso ao drama de quem fez algo a quem, devemos apenas reconhecer que estamos exaltados e parar de estimular nossas emoções com nossas histórias. Não é uma tarefa fácil, mas é a chave de nosso bem-estar. Na meditação, treinamos deixar nossos pensamentos fluírem, até chegar à raiz de nosso descontentamento. Abrimos espaço para examinar o motivo de nossa imobilidade.

Os ensinamentos sobre vidas múltiplas são interessantes a esse respeito. Nesta vida, talvez uma determinada pessoa tenha lhe causado mal, e esse conhecimento é útil. Mas, por sua vez, é possível que a nossa ferida seja muito mais antiga; talvez carreguemos essas mesmas tendências, as mesmas formas de reagir, vida após vida, e elas geram os mesmos dramas, as mesmas situações desagradáveis.

O fato de acreditar ou não na ressurreição pode ser útil se nos ajudar a enfatizar o exame das tendências da *shenpa* no momento em que se manifestam e não remoer histórias dolorosas. Não importa o que aconteceu no passado, agora podemos lidar com compaixão com nossos hábitos, pensamentos e emoções. Podemos não dar destaque a quem nos magoou e, assim, nos libertarmos. Se alguém atirar uma flecha em meu peito, posso deixar a ferida supurar, enquanto grito com o assassino, ou retirar a flecha o mais rápido possível. Ao longo da vida, terei os meios de mudar o filme da minha vida, para que as mesmas coisas não aconteçam. A mesma coisa repete-se para provocar sentimentos iguais, até que façamos uma aliança com eles. Nossa atitude deverá ser positiva no sentido de pensar que teremos uma segunda chance, e não outra experiência ruim.

Por um instante ou dois, pare e pense no que está sentindo no momento. Seria ainda mais útil se antes lembrasse de algo que o está incomodando. Se puder pensar em sentimentos como preocupação, desesperança, impaciência, ressentimento, justa indignação, ou desejo, essa experiência será extremamente recompensadora.

Por alguns momentos, pense na qualidade, no estado de ânimo, na sensação física desvinculados de sua história pessoal. Essa experiência desagradável e a sensação familiar de ter um nó no estômago, que tensionam seu corpo e seu rosto, que podem doer fisicamente — essa experiência em si não é um problema. Se conseguirmos ter curiosidade em relação a essa reação emocional, relaxar e senti-la, vivenciá-la em toda sua plenitude, então, não haverá problemas. Você pode até mesmo senti-la como apenas uma energia congelada cuja verdadeira natureza é fluida, dinâmica e criativa, uma sensação inatingível livre de sua interpretação.

Nosso sofrimento repetitivo não se origina dessa sensação desagradável, e sim do que acontece em seguida, o que chamamos de seguir o impulso, de se descontrolar, ou de se desequilibrar emocionalmente. Origina-se da rejeição à nossa energia quando ela surge de uma forma que não gostamos e de fortalecer sem cessar os hábitos de posse, aversão e distanciamento. Em especial de nossas conversas internas, julgamentos, fantasias e rótulos em relação ao que está acontecendo.

Mas, se escolher praticar com o conhecimento, com pausas, acolhendo a energia para, depois, agir, o poder dessa prática não só enfraquece antigos hábitos, como também elimina a propensão de adotá-los. O enfoque maravilhoso de viver desse modo é que abre um espaço amplo para uma experiência nova isenta de egoísmo. Aqui, exatamente onde estamos, é possível viver com uma perspectiva mais ampla, que aceite todas as experiências — prazer, dor e neutralidade. Somos livres para apreciar as possibilidades infinitas que estão sempre disponíveis, livres para reconhecer a abertura natural, a inteligência e a cordialidade da mente humana.

PEMA CHÖDRÖN

Se os ensinamentos da *shenpa* repercutirem em nós, e se começarmos a praticá-los na meditação e na nossa vida diária, é bem provável que passaremos a fazer perguntas de fato úteis. Em vez de perguntar "como me livrar de um colega de trabalho difícil?", ou "como me vingar do meu pai grosseiro?", podemos pensar na maneira de eliminar nosso sofrimento na raiz com perguntas como essas. Como aprender a reconhecer que fui fisgado? Como lidar com minhas atitudes sem me sentir desesperançado? Como posso ter algum senso de humor? Alguma gentileza? Alguma aptidão para não fazer um drama com meus problemas? O fato de permanecer consciente do momento presente me ajudará quando sentir medo?

Também podemos perguntar, devido à minha situação atual, por quanto tempo terei esses sentimentos desconfortáveis? Essa é uma boa pergunta, no entanto, não existe uma resposta precisa. Nós nos acostumamos a voltar para o momento presente tal como é por um segundo, um minuto, uma hora — qualquer que seja o tempo — sem que isso se converta em um teste de tolerância. Fazer uma pausa e respirar três vezes é uma maneira perfeita de estar presente. Esse é um bom proveito que podemos tirar de nossa vida. Na verdade, é uma postura excelente e alegre para nossa vida. Em vez de cada vez mais nos aperfeiçoarmos em evitar o momento atual, podemos aprender a aceitá-lo como se o houvéssemos procurado e trabalhar com ele e não contra ele, tornando-o nosso aliado em vez de inimigo.

TEMOS O QUE PRECISAMOS

Esse é um trabalho contínuo, um processo de revelar nossa abertura natural, de desvendar nossa inteligência natural e a cordialidade. Eu descobri, como meus professores haviam dito, que sempre temos o que precisamos. A sabedoria, a força, a confiança, o coração e a mente despertos estão sempre acessíveis, aqui, agora, sempre. Estamos revelando-os, redescobrindo-os. Não estamos inventando-os ou importando-os de algum lugar. Eles estão aqui. Por isso, quando nos sentimos presos na escuridão, de repente as nuvens desaparecem. Sem motivo aparente, nós nos alegramos, relaxamos ou sentimos a amplidão de nossas mentes. Ninguém lhe proporciona isso. As pessoas o apoiam e ajudam com seus ensinamentos e práticas, como me apoiaram e ajudaram, mas você terá de vivenciar por si mesmo seu potencial ilimitado.

Em meu caso, fui treinada em uma tradição e linhagem em que a devoção a nossos professores é uma maneira importante de conectar nossa abertura e cordialidade. A presença deles dissipa as nuvens. Sei que meus professores fariam qualquer coisa para me ajudar, assim como eu os ajudaria. No entanto, aprendemos a não depender do professor. O papel do professor é de nos tornar independentes, de não nos apoiarmos nele ou nela, de nos libertarmos de qualquer dependência e, por fim, de nos ajudar a crescer.

É uma questão de sabedoria refletindo sabedoria, de nossa sabedoria reproduzindo-se com a do professor. Se aplicarmos

PEMA CHÖDRÖN

os ensinamentos deles em nossas vidas e praticarmos o que ensinam, perceberemos o que eles captaram. Nossa devoção a um professor não tem nada a ver com seu estilo de vida ou suas realizações mundanas. É seu estado mental, a qualidade de seu coração que repercutem em nós. No caso do meu professor Chögyam Trungpa, seu comportamento foi tão indigno que eu nunca o teria como modelo. Mas tentei seguir sua maneira de ser. Ele me mostrou com seu exemplo que podemos despertar sem medo e nos encorajar mutuamente a ter um equilíbrio psíquico.

Sem dúvida, não existe uma resposta fácil de como nos libertamos do sofrimento, mas nossos professores fazem todo o possível para nos guiar dando-nos uma espécie de caixa de ferramentas espiritual. A caixa contém ensinamentos e práticas pertinentes e úteis, assim como uma introdução a uma visão absoluta da realidade: que os pensamentos, emoções ou *shenpa* não são tão sólidos como parecem. A ferramenta principal, que engloba o relativo e o absoluto, é a prática de meditar sentado, sobretudo, quando ensinada por Chögyam Trungpa. Ele descreveu a prática básica como estar totalmente presente. E enfatizou que abre espaço para que nossas neuroses aflorem. Não era, como disse, "umas férias da irritação".

Ele ressaltou que essa prática básica, sintetizada pela instrução de voltar sempre ao imediatismo de nossa experiência, de respirar, sentir, ou outro objeto da meditação, revela uma com-

TEMOS O QUE PRECISAMOS

pleta abertura em relação às coisas como elas são, sem um revestimento conceitual. Permite que iluminemos e apreciemos nosso mundo e a nós mesmos incondicionalmente. Seu conselho sobre a maneira de nos relacionarmos com o medo, a dor, ou a falta de uma estrutura sólida e de lhes dar boas-vindas, de ficarmos coesos em vez de nos fragmentarmos em dois, uma parte rejeitando ou julgando a outra. Sua instrução em relação à respiração era de senti-la de leve e deixá-la fluir. Seu ensinamento a respeito dos pensamentos era o mesmo: deixá-los livres para desaparecerem no espaço sem fazer da meditação um projeto de autoaperfeiçoamento.

A atitude em relação a essa meditação é de relaxar. Sem uma sensação de esforço para alcançar um estado superior, simplesmente sentamos sem uma meta, sem tentar ficar calmo ou se libertar de todos os pensamentos, e seguimos as instruções: sentar confortavelmente, com os olhos abertos, consciente do objeto da meditação sem sobrecarregá-lo (não é uma concentração intensa), e a mente devaneia, mas depois volta com suavidade. O que quer que aconteça, não nos desculpamos ou condenamos. A imagem usada com frequência é de uma pessoa idosa sentada sob o sol, observando calmamente crianças brincando.

É claro, temos de ser pacientes com esse processo e nos permitir um tempo ilimitado. É como se girássemos uma roda a vida inteira. Ela roda rápido, mas, por fim, aprendemos a não mais girá-la. Sabemos que a roda continuará a girar por algum tempo. Ela não vai parar de repente. Essa é uma situação muito comum: paramos de girar a roda, nem sempre fortalecemos o hábito, mas estamos em um estado intermediário especial, entre não ser sempre fisgado e nem ser capaz de resistir a morder o anzol. Isso se chama "o caminho espiritual". Na verdade, não existe mais nada além desse caminho. Não existe outro caminho além do modo com que nos relacionamos a cada momento com os acontecimentos. Desistimos da expectativa de qualquer realização e, nesse processo, continuamos a aprender o que significa apreciar o fato de estar aqui.

Há alguns anos, eu estava dominada por uma ansiedade profunda, uma ansiedade crucial e intensa sem um motivo aparente. Sentia-me muito vulnerável, com medo e angustiada. Apesar de sentar e respirar, relaxar e sentir a sensação, o terror não diminuía. Esse estado psicológico continuou por muitos dias, e eu não sabia o que fazer.

Procurei meu professor Dzigar Kungtrül, e ele disse: "Oh, eu conheço esse lugar". Isso foi reconfortante. Contou-me que, em determinadas épocas de sua vida, ele teve a mesma sensação. Disse que foi uma parte importante de sua jornada, além de um grande aprendizado. Depois, fez algo que mudou minha maneira de praticar. Pediu para eu descrever o que sentia. Perguntou se feria fisicamente e se era quente ou frio. Pediu para descrever a característica da sensação da forma mais precisa possível. Esse exame detalhado continuou por algum tempo, e, então, ele se animou e falou: "Ani Pema, essa é a bênção Dakini. É um nível superior de bênção espiritual". Eu quase caí da cadeira. Pensei: "Uau, isso é maravilhoso!" Eu não podia esperar o momento de sentir essa sensação tão intensa de novo. E sabe o que aconteceu? Quando sentei ansiosa para praticar, é claro, desaparecera a resistência, assim como a ansiedade.

Agora sei que, em um nível não verbal, a aversão à minha experiência foi muito forte. Provoquei uma sensação desagradável. Basicamente, eu só queria que desaparecesse. Mas, quando meu professor disse "bênção Dakini", mudou por completo o modo com o qual a via. Então, aprendi o seguinte: interesse-se por seu sofrimento e medo. Aproxime-se, entregue-se, fique curioso; mesmo que seja por um instante, vivencie os sentimentos além dos rótulos, além de serem bons ou ruins. Dê boas-vindas a eles. Estimule-os. Faça qualquer coisa para dissolver a resistência.

Assim, da próxima vez que perder a confiança e não suportar o que está sentindo, lembre-se dessa instrução: mude a maneira de encarar a experiência e aceite-a. Em termos básicos, essa foi a instrução que recebi de Dzigar Kungtrül. E agora a transmito a você. Em vez de atribuir seu desconforto a circunstâncias externas ou à sua fraqueza, escolha ficar presente e despertar sua experiência, sem rejeitá-la, sem agarrá-la, nem alimentar histórias que conta a si mesmo sem cessar. Esse é um conselho inestimável que se dirige à verdadeira causa do sofrimento, seu, meu e de todos os seres vivos.

7

ALEGRE-SE COM AS COISAS COMO ELAS SÃO

Quando começamos a ver com clareza o que fazemos, como somos fisgados e dominados pelos antigos hábitos, nossa tendência habitual é usar essa percepção como um motivo para nos desencorajar e subestimarmos nosso comportamento. Em vez disso, devemos pensar como é admirável e corajoso o fato de termos capacidade de nos vermos com honestidade. Significa ver nossas vidas como um professor e não um fardo. Isso envolve, em sua essência, aprender a estar presente, com senso de humor, com uma gentileza afetuosa em relação a nós mesmos e às circunstâncias externas, a nos alegrar com o ingrediente mágico da autorreflexão sincera. Chögyam Trungpa chamava isso de "tornando-nos amigos de nós mesmos". Essa amizade baseia-se no conhecimento do nosso eu sem preconceito. Portanto, é uma amizade incondicional.

PEMA CHÖDRÖN

O aprendizado de concentrar a atenção no momento presente é a base para conectar nossa cordialidade natural; é a base para amar a si mesmo e também da compaixão. Quanto mais estiver presente com você mesmo, mais você perceberá contra o que todos nós lutamos. Assim como eu, outras pessoas sofrem e querem eliminar o sofrimento. E como eu, elas agem de um modo que só agrava a situação.

Quando começamos a ver a reação em cadeia da *shenpa*, não nos sentimos superiores. Ao contrário, esse *insight* tem o potencial de nos tornar humildes e faz com que sintamos mais simpatia pela perplexidade dos outros. Quando vemos alguém ser fisgado e se descontrolar, em vez de ficarmos automaticamente irritados, temos mais chance de reconhecer nossa semelhança. Estamos, sem dúvida, no mesmo barco, e o fato de sabermos isso nos predispõe mais a perdoar.

Nos ensinamentos budistas sobre compaixão existe uma prática chamada "alguém no início e alguém no final". Quando acordo de manhã, eu faço essa prática. Eu penso em um desejo para esse dia que começa. Por exemplo, eu posso pensar: "Hoje, perceberei quando for fisgada". Ou: "Não falarei nem agirei com raiva". Tento não pensar em um desejo muito grandioso como: "Hoje, estarei livre de todas as neuroses". Eu começo com uma intenção clara e a guardo na mente ao longo do dia.

À noite, revejo os acontecimentos. Essa é uma parte muito difícil para os ocidentais. Infelizmente, temos uma tendência a enfatizar nossos fracassos. Porém, no ensinamento de Dzigar Kungtrül, ele diz que para ele, quando sente que conectou com o seu desejo, mesmo que, por um breve instante durante o dia, ele tem uma sensação de alegria. Ele também diz que, quando reconhece que se perdeu de si mesmo, alegra-se por ter sido capaz de ter essa percepção. Essa maneira de nos vermos tem sido muito inspiradora para mim.

Ele nos estimula a questionarmos sobre o que existe dentro de nós, que nos permite sentir que nos perdemos de nós mesmos. É nossa sabedoria, *insight* ou inteligência natural? Então, podemos ter a aspiração de perceber com nossa sabedoria que reconhece quando ferimos os sentimentos de alguém, ou que fumamos em local proibido? É possível ter a aspiração de captar cada vez mais nossa aptidão de reconhecer o que estamos fazendo, em vez de sempre nos identificarmos com os nossos erros? Essa é a nossa capacidade inata de nos alegrar com o que vemos, sem nos desesperarmos. É o talento de deixar que a autorreflexão compassiva construa a confiança e não de se tornar a causa da depressão.

Ser capaz de conhecer a *shenpa* e de perceber que está sendo fisgado é o fundamento da liberdade. Ao sermos capazes de reconhecer o que está acontecendo sem a negação, essa aptidão nos alegrará. Assim, poderemos dar o próximo passo e evitar seguir a antiga estrada; algumas vezes, teremos sucesso, outras não, mas devemos nos alegrar por ter-

PEMA CHÖDRÖN

mos conseguido interromper o impulso e que "às vezes" já é um grande progresso.

Devemos nos alegrar por sermos capazes de perceber nosso comportamento e de nos refrearmos, e que haverá recaídas. Algumas vezes, é um passo à frente, outro atrás. Talvez um passo à frente, meio passo atrás. Quando as pessoas fazem o programa de emagrecimento Vigilantes do Peso, lhes dizem que o peso terá altos e baixos, que nem sempre perdem esses quilos em excesso. Recomendam paciência com a perda de peso e que não será um problema se engordar em uma semana. Pedem que você encare sua perda de peso de uma perspectiva maior, de prestar atenção ao que acontece durante um mês ou muitos meses.

Essa perspectiva assemelha-se à maneira de trabalhar nossos hábitos firmemente arraigados. Nisso, incluímos a percepção compassiva de que as pessoas têm recaídas. Chögyam Trungpa deu uma aula sobre isso. Ele disse que se não tivermos dificuldades na vida, se nossos padrões habituais se dissiparem sem cessar, semana após semana sem problemas, não teremos empatia pelas pessoas que continuam a serem fisgadas e descontrolam-se.

Ele disse que a jornada espiritual ideal precisa equilibrar a "glória" e a "infelicidade". Se tudo for glorioso, um sucesso após outro, ficaremos extremamente arrogantes e alienados em relação ao sofrimento humano. Por sua vez, se tudo for uma infelicidade e nunca tivermos *insights* nem sentirmos alegria ou inspiração, ficaremos tão desestimulados que desistiremos. Precisamos de equilíbrio, mas os seres humanos têm tendência a enfatizar em demasia a infelicidade.

Por exemplo, quando revemos os acontecimentos do dia, é comum achar que tudo foi desalentador, como se não houvéssemos feito nada certo. Mas, se tivermos alguém ao nosso lado, um sócio, por exemplo, ele ou ela poderia dizer: "Acho que estamos estressados; que tal sairmos para dar uma caminhada e, na volta, nos sentiremos melhor?" Ou: "Eu vi você sorrir para aquele homem sentado no canto todo curvado e deprimido, e notei que ele se animou". Algumas vezes, outras pessoas precisam dizer essas coisas para nós.

Em nossos dias mais banais, temos momentos de felicidade, de conforto e alegria, momentos em que vemos algo que nos agrada, ou que nos sensibiliza, momentos de contatar a ternura de nossos corações. Podemos usufruir desses momentos. Acho essencial observar, durante o dia, quando nos sentimos felizes ou quando algo positivo acontece, e começar a cultivar esses momentos como preciosos. Aos poucos, passamos a apreciar o valor de nossa vida, tal como ela é, com seus altos e baixos, seus fracassos e sucessos, sua aspereza e suavidade.

Até iniciar essa jornada de perceber quando estamos sendo fisgados, detalhes insignificantes inconscientemente nos desequilibram o tempo inteiro. A mais leve contrariedade ou aborrecimento poderá nos provocar e ficaremos cegos ao que acontece. A vida converte-se cada vez mais em uma luta sem sabermos o motivo.

Porém, assim que passarmos a notar o momento em que fomos fisgados, mesmo ainda sob estresse, perceberemos uma diferença importante: a magia do reconhecimento, o milagre do conhecimento compassivo. É o milagre da escolha de ser consciente. Quanto mais agirmos desse modo, mais aptos ficaremos para exercer esse conhecimento. Não é algo que tenhamos de forçar. Acontece com naturalidade quando há menos autoilusão e, então, temos uma capacidade maior de permanecermos conscientes perante as alegrias e tristezas do mundo.

Sentirmo-nos culpados pelo que somos não ajuda em nada. Quando conseguimos irradiar a luz da compaixão em nossas ações, uma mudança interessante pode acontecer — nosso desapontamento torna-se uma semente de compaixão para com todas as pessoas como nós aprisionadas em uma mente fixa, fechada, e um coração empedernido. Essa percepção nos conecta com outras pessoas. Ela será a semente da empatia e seguimos adiante, sem sermos engolidos pela culpa e vergonha do que fizemos.

No livro *Art of Happiness*, Howard Cutler perguntou ao Dalai Lama se havia feito alguma coisa na vida da qual se arrependia, ou lamentasse. Ele disse que sim, e contou a história de um monge idoso que o procurou um dia e lhe falou que gostaria de realizar uma prática de alto nível budista. O Dalai Lama,

ALEGRE-SE COM AS COISAS COMO ELAS SÃO

sem refletir, disse ao homem idoso que essa prática seria muito difícil de fazer e talvez fosse mais apropriada para alguém mais jovem, porque, tradicionalmente, era uma prática que deveria começar na adolescência. Depois, soube que o monge se suicidara para renascer em um corpo mais jovem, a fim de realizar melhor a prática.

Cutler ficou atônito. Ele perguntou ao Dalai Lama como havia conseguido lidar com esse arrependimento. Também perguntou como se libertara dele. O Dalai Lama fez uma longa pausa e refletiu profundamente. Depois disse: "Eu não me libertei desse sentimento. Ainda está presente". E continuou: "Embora esse sentimento de arrependimento ainda esteja presente, não está associado a um sentimento de opressão ou um motivo para eu recuar".

Fiquei muito comovida com essas palavras. Temos a ideia errônea de que ou nos arrependemos ou nos livramos da culpa. Trungpa Rinpoche disse que devíamos guardar a tristeza da vida em nosso coração, mas sem esquecer a beleza do mundo e a maravilha de estar vivo. Então, chegará um momento em que seremos capazes de sentir o coração dilacerado pelos nossos sofrimentos e os de outras pessoas, sem nos deprimirmos. O Dalai Lama disse ainda que a atitude de se deprimir ou de se retrair por causa de arrependimentos não beneficia ninguém e, por isso, aprendeu com seus erros e prosseguiu em seu caminho fazendo todo o possível para ajudar os outros. Creio que podemos dizer que ele é um grande professor porque enfrenta seus desafios. Ele não passa pela vida imune, sem tristeza ou remorso. Porém, ele não transforma esses sentimentos no que chamamos "culpa" ou a vergonha que nos deprime e nos faz sentir impotentes em relação a nós mesmos e aos outros.

Essa possibilidade não está só disponível para pessoas como o Dalai Lama. Está à espera de todos nós a cada instante do dia. Quando olhamos para nosso último momento, nossa última hora, nosso último dia, seria um motivo de alegria se pudéssemos dizer que havíamos percebido quando estávamos fisgados e interrompemos o impulso, mesmo que por um breve instante. E, se por acaso não notamos o que estava acontecendo e, mais uma vez, agimos da maneira habitual, podemos nos alegrar por ter a capacidade e a sabedoria de estarmos conscientes e cientes de nossa atitude, e talvez envelheceremos com mais sabedoria e tolerância pelos erros cometidos e eventuais recaídas.

8

REVELANDO A ABERTURA NATURAL

Nada é estático ou permanente. Nisso estamos incluídos. Sabemos que carros e tapetes, camisas novas e aparelhos de DVD são passageiros, porém estamos menos dispostos a pensar nessa impermanência quando se refere a nós ou a outras pessoas. Temos uma visão muito sólida de nós mesmos e visões fixas das outras pessoas. Mas, se olharmos com mais atenção, veremos que não somos nem um pouco estáticos. Na verdade, somos tão mutáveis como um rio. Por conveniência, chamamos o fluxo constante de água de rio Mississipi ou rio Nilo da mesma forma como nos chamamos Jack ou Helen. No entanto, esses rios não são iguais nem mesmo por uma mínima fração de segundo. As pessoas também seguem um fluxo, nossos pensamentos, emoções e moléculas estão sempre mudando.

Caso escolha sentir-se sempre consciente do momento presente diante de qualquer acontecimento, da energia da vida, de outras pessoas e desse mundo, depois de algum tempo perceberá que está receptivo e presente a algo mutável. Por exemplo, se estiver de fato aberto e receptivo a outra pessoa, é uma revelação perceber que na sexta-feira estávamos diferentes de como nos sentíamos na segunda-feira, que cada um de nós pode ser visto de um ângulo novo a qualquer dia da semana. Mas, se a pessoa for seu pai ou irmão, seu sócio ou chefe, em geral, nós nos bloqueamos e os vemos sempre da mesma forma. Temos tendência a rotular as pessoas como irritantes, tediosas, uma ameaça à nossa felicidade e segurança, inferiores ou superiores; e isso se estende além do nosso círculo fechado de conhecidos em casa ou no trabalho.

Esse hábito de rotular as pessoas pode ocasionar preconceito, crueldade e violência; e em qualquer momento ou lugar em que o preconceito, crueldade e violência se manifestarem, se estiverem direcionados de uma pessoa para outra ou entre grupos, ou de pessoas para grupos, existe um tema recorrente: "Essas pessoas têm uma identidade fixa e não são *iguais* a mim." Podemos matar alguém ou ser indiferente às atrocidades cometidas contra ele porque "não passa de um *haji*", ou "é apenas uma mulher", ou "ele é homossexual". Podemos preencher o espaço vazio com qualquer estigma racial, qualquer rótulo desumano a ser usado contra aqueles a quem consideramos diferentes.

Existe outra maneira de olhar os outros, em uma tentativa de nos libertarmos de nossas ideias rígidas e ter curiosidade em re-

REVELANDO A ABERTURA NATURAL

lação à hipótese que nada nem ninguém permanece igual. Esse processo começa, é claro, quando ficamos curiosos e eliminamos as histórias limitadas que criamos a respeito de nós mesmos. Depois, temos de estar presentes perante qualquer coisa que nos aconteça. Acho útil pensar que sentimentos como tristeza, raiva ou preocupação, prazer, alegria ou satisfação é a energia dinâmica e fluida da vida manifestando-se. Isso modifica a resistência à minha experiência. Em razão de praticar essa abordagem há muitos anos, passei a ter confiança no potencial da receptividade aberta, na consciência e percepção do mundo e na dignidade de todos os seres. E já constatei que o modo com o qual vemos e tratamos os outros revela essa nobreza.

No livro *The Search for a Nonviolent Future*, de Michael Nagler, há uma história que ilustra esse tema. Refere-se a um casal judeu, Michael e Julie Weisser, mas poderia ter sido qualquer vítima de preconceito e violência. Os Weisser moravam em Lincoln, Nebraska, onde Michael tinha um papel proeminente na sinagoga, e Julie era enfermeira. Em 1992, eles começaram a receber telefonemas ameaçadores e bilhetes da Ku Klux Klan. É claro que a Klan agia ilegalmente na época e não era tolerada na cidade, no entanto ela os estava ameaçando. A polícia lhes disse que provavelmente era o trabalho de Larry Trapp. Ele era o Grande Dragão, o chefe da Klan, na cidade. Michael e Julie Weisser conheciam a reputação de Trapp como a de um homem cheio de ódio. E sabiam

PEMA CHÖDRÖN

que andava de cadeira de rodas por ter ficado inválido há alguns anos, em decorrência de um espancamento.

Todos os dias, a voz de Larry no telefone ameaçava matá-los, destruir a propriedade deles, e prejudicar a família e os amigos. Então, um dia, Michael decidiu, com o apoio de Julie, tomar uma providência. No telefonema seguinte, quando Larry Trapp os ameaçava, ele esperou uma oportunidade para falar. Ele sabia que Trapp andava com dificuldade pela cidade com a cadeira de rodas e quando conseguiu falar lhe ofereceu uma carona até a mercearia. Trapp não falou por alguns instantes e, depois, ao dizer que "Bem, posso me virar, mas obrigado por perguntar", a raiva tinha desaparecido de sua voz.

Porém, os Weisser tinham em mente uma ideia mais ambiciosa do que apenas terminar essa tortura: eles queriam libertar Larry Trapp do tormento do seu preconceito e raiva. Começaram a ligar para *ele*, dizendo que se precisasse de ajuda eles estariam dispostos a auxiliá-lo. Logo depois, foram ao seu apartamento levando um jantar feito em casa, e os três passaram a se conhecer melhor. E ele começou a pedir ajuda. Um dia, quando chegaram para visitá-lo, Trapp tirou um anel do dedo e o deu a eles. Era um anel nazista. Com esse gesto, ele rompia sua associação com a Ku Klux Klan e disse aos Weisser: "Eu denuncio tudo que apoiam. Mas não odeio as pessoas das organizações... Se odiasse todos os Klasmen porque são Klasmen... continuaria a ser um racista". Em vez de substituir um preconceito por outro, Larry Trapp escolheu eliminar sua mentalidade intolerante.

Assim como Larry Trapp, todos nós temos preconceitos, e é muito comum justificá-los ao se manifestarem. Nossas ideias rígidas a respeito "deles" surgem com rapidez, e isso cada vez mais causa grande sofrimento. Esse é um hábito muito antigo, um hábito nocivo, uma reação universal ao sentimento de estar ameaçado. É possível olharmos para esse hábito com compaixão e receptividade, sem intensificá-lo e fortalecê-lo. Podemos captar a energia poderosa de nosso medo, de nossa raiva — a energia de tudo que podemos sentir — como um movimento natural da vida e nos tornarmos íntimos dela, suportando-a sem reprimi-la, sem reagir, sem deixar que ela nos destrua ou a alguém mais. Nesse sentido, qualquer experiência converte-se na oportunidade perfeita para conectar nossa bondade natural, no apoio perfeito para permanecer aberto e receptivo à energia dinâmica da vida. Apesar de essa ideia ser radical, sei que podemos escolher não acionar a reação em cadeia da *shenpa*. Qualquer coisa que vivenciemos, não importa quão desafiadora possa ser, pode se tornar um caminho aberto para o nosso despertar.

Algumas vezes, em uma situação de fato ameaçadora, não há muito o que possamos fazer ou dizer para ajudar alguém, mas sempre podemos tentar conscientizarmo-nos do momento presente e não morder o anzol. Há pouco tempo, recebi uma carta do meu amigo Jarvis Master, um prisioneiro condenado à morte, na qual me contou que há muitos momentos de tanta violência na prisão que tudo o que ele pode fazer é não prejudicar ninguém e não cair nas garras da força sedutora da agressão. As histórias nem sempre têm um final feliz.

Se você exercer uma profissão em que interage com pessoas violentas, sabe que não é fácil evitar ser fisgado. Mas podemos perguntar: "Como posso lidar com pessoas de quem discordo com uma mente aberta?"; "Como posso ver e ouvir com mais profundidade, além das minhas ideias fixas?"; "Como posso tratar pessoas que estão em um ciclo de violência, que se magoam, como seres humanos como eu?" Sabemos que se abordarmos alguém com as nossas ideias preconcebidas, com nossas mentes e corações fechados, nunca conseguiremos nos comunicar genuinamente, e podemos com facilidade exacerbar a situação e fomentar mais sofrimento.

Subjacente ao ódio, subjacente a qualquer ato ou palavra cruel, ou ao desprezo por outro ser humano, há sempre o medo, um medo totalmente infundado. Esse medo é maleável. Ele ainda não se congelou em uma posição rígida. Por mais que o detestemos, o medo não obrigatoriamente provoca agressão ou o desejo de ferir a nós mesmos e aos outros. Quando sentimos medo ou ansiedade, ou qualquer sentimento infundado, ou ao percebermos que o medo já está nos causando pensamentos como "tenho de me vingar" ou "preciso recorrer ao meu vício para escapar", pense nesse momento como neutro, um momento que pode seguir em qualquer direção. Temos o tempo inteiro uma escolha diante de nós. Voltamos aos antigos hábitos destrutivos ou encaramos nossas experiências como uma oportunidade e apoio para ter um novo relacionamento com a vida?

A consciência e a percepção básicas e a abertura natural estão sempre disponíveis. Essa abertura não precisa ser fabricada. Ao fazermos uma pausa, quando sentimos a energia do momento, diminuímos o ritmo, propiciamos um intervalo, e atraímos a abertura autoexistente. Isso não requer um esforço especial. Está disponível a qualquer instante. Como Chögyam Trungpa observou, "A abertura assemelha-se ao vento. Se abrir suas portas e janelas, ele entrará".

A próxima vez que se irritar, experimente olhar para o céu. Vá até a janela em sua casa ou no escritório e olhe o céu. Uma vez, li uma entrevista de um homem que contou que, durante a Segunda Guerra Mundial, ele sobreviveu à prisão em um campo de concentração japonês olhando o céu, as nuvens movendo-se e os pássaros voando. Isso lhe deu confiança na bondade da vida, apesar das atrocidades que testemunhava.

Em geral, quando somos fisgados, estamos tão absorvidos por nossa história que perdemos a perspectiva. Quando nos defrontamos com a dificuldade da situação dolorosa em casa, no trabalho, na prisão, na guerra, onde quer que seja, nossa perspectiva com frequência fica muito reduzida, até mesmo microscópica. Temos o hábito automático da introversão. Ao

PEMA CHÖDRÖN

reservar um instante para olhar o céu ou alguns segundos para sentir a energia fluida da vida, passamos a ter uma perspectiva maior — a de um universo vasto, onde somos um ponto minúsculo no espaço, e que o espaço sem fim e sem início está sempre à nossa disposição. Assim, poderemos entender que nossa situação difícil é passageira e que temos a escolha de fortalecer nossas reações habituais ou nos libertarmos. A atitude de estar aberto e receptivo aos acontecimentos é sempre mais importante do que se exaltar e acrescentar mais agressão ao planeta e poluição à atmosfera.

Qualquer coisa que aconteça é a oportunidade certa para mudar a tendência básica de ser fisgado, de ficarmos estressados, de fecharmos nossas mentes e corações. Sempre que se conscientizar, sentir ou pensar é o estímulo perfeito para fazer uma mudança fundamental em direção à abertura. A abertura natural tem o poder de dar sentido à vida e de nos inspirar. Com apenas um momento de percepção da presença da abertura natural, aos poucos notamos que a inteligência e a cordialidade naturais também estão presentes. É o mesmo que abrir uma porta para a amplidão, o tempo infinito e a magia do lugar onde estamos.

Ao acordar de manhã, mesmo antes de sair da cama, se estiver amedrontado ou talvez mortalmente entediado com a rotina de sua vida, abra os olhos e respire fundo três vezes. Fique onde está. Quando você está em uma fila de espera, faça um intervalo em sua mente discursiva. Você pode olhar suas mãos e respirar,

REVELANDO A ABERTURA NATURAL

olhar pela janela para a rua ou para o céu. Não importa o que olhar ou se vai prestar atenção a um detalhe. Você pode deixar que a experiência seja um contraste de ser aprisionado, deixe-a ser um pipocar em uma bolha, algo momentâneo.

Quando meditamos, todas as vezes que percebemos que estamos pensando e que deixamos nossos pensamentos dispersarem-se, nesse instante a abertura está à nossa disposição. Chögyam Trungpa chamava isso de "libertar-se de uma mente fixa". Sempre que a respiração dissipa-se no espaço, essa abertura está disponível. Em qualquer momento em que se concentrar no imediatismo de sua experiência, você pode olhar para o chão ou para o teto, ou apenas sentir suas nádegas sentadas na cadeira. Você entende o que eu quero dizer? Você é capaz de estar presente. Em vez de alienar-se, ou de se aprisionar, absorto em seus pensamentos, planejamentos, preocupações, preso no casulo onde não tem acesso aos seus sentidos perceptivos, aos sons e às visões, ao poder e à mágica do momento, você pode escolher fazer uma pausa. Quando fizer um passeio no campo, na cidade, ou em qualquer lugar, pare de vez em quando. Paute sua vida por esses instantes.

Na vida moderna é tão fácil ficarmos absorvidos, em especial por computadores, televisão e celulares. Eles são hipnotizadores. Enquanto estivermos no piloto automático, movidos por nossos pensamentos e emoções, nós nos sentiremos oprimidos. Não faz muita diferença se estamos em um centro tranquilo de meditação

PEMA CHÖDRÖN

ou no lugar mais agitado e envolvente. Em qualquer situação, é possível fazer uma pausa e atrair a abertura natural. Cada vez mais, seremos capazes de abrir espaço para conscientizarmo-nos de onde estamos, de perceber como nossa mente é ampla. Encontre uma maneira de acalmar-se. Encontre uma forma de relaxar sua mente e faça isso com frequência, com muita, muita frequência ao longo do dia, não só quando se sentir fisgado, mas o tempo inteiro.

A questão decisiva é que nos relacionamos com a vida tal como ela se apresenta no momento e não mais tarde quando as circunstâncias melhoram. Podemos sempre nos conectar com a abertura de nossas mentes. Devemos usar nossos dias para despertar em vez de voltar a dormir. Tente fazer essa abordagem. Comprometa-se a fazer uma pausa durante o dia sempre que possível. Dê um tempo para sua percepção mudar e para vivenciar a energia natural da vida como ela se manifesta no momento exato. Isso pode causar mudanças radicais em sua vida pessoal, e, se estiver preocupado com a situação do mundo, essa é uma maneira de usar todos os momentos para ajudar a modificar o clima agressivo em direção à paz.

9

A IMPORTÂNCIA DA DOR

Antes de conhecer a cordialidade natural, temos de vivenciar a perda. Passamos anos direcionando nossos dias impelidos pelo hábito, achando a vida natural e óbvia. Então, quando nós ou alguém de quem gostamos sofre um acidente ou fica gravemente doente, nossa visão ou compreensão limitada desaparece. Vemos a ausência de sentido de quase tudo que fazemos e o vazio ao qual nos apegamos.

Quando minha mãe morreu e eu mexi em seus pertences pessoais, essa percepção me tocou com profundidade. Ela guardara caixas de papéis e quinquilharias que adorava, coisas que carregava à medida que se mudava para lugares cada vez menores. Elas representavam segurança e conforto e nunca conseguira se desfazer desses pertences. Agora, não passavam de caixas cheias de bugigangas sem o menor significado, conforto ou segurança para ninguém. Para mim, eram apenas objetos vazios, no entanto, ela havia se apegado a eles. Ao vê-los, fiquei triste e

PEMA CHÖDRÖN

pensativa. Depois disso, nunca mais olhei para meus objetos queridos da mesma forma. Eu havia visto que as coisas são como elas são, nem preciosas ou sem valor, e todos os rótulos, concepções e opiniões sobre elas são arbitrárias.

Essa foi uma experiência que revelou a cordialidade natural. A perda de minha mãe e a dor de ver com tanta clareza como impomos julgamentos e valores, preconceitos, preferências e antipatias ao mundo fez com que eu sentisse uma grande compaixão pelas nossas dificuldades. Lembro-me de ter pensado que o mundo inteiro consistia em pessoas como eu, que estavam desgastando-se emocionalmente à toa e sofrendo muito com isso.

Quando meu segundo casamento terminou, senti a crueza da mágoa, a tristeza total, e todos os escudos com os quais me protegia desmoronaram. Para minha surpresa, junto com a dor, eu também senti uma ternura espontânea por outras pessoas. Lembro-me da total abertura e gentileza que senti em relação às pessoas que encontrei rapidamente no correio ou na mercearia. Comecei a ver que as pessoas com quem encontrava eram iguais a mim, ativas, capazes de serem más ou gentis, de tropeçarem e caírem, mas, depois, levantarem-se. Eu nunca sentira tanta intimidade com pessoas desconhecidas. Eu podia encarar os olhos dos funcionários das lojas e de mecânicos de carros, mendigos e crianças, e sentir nossa semelhança. De alguma forma, quando meu coração se partiu, as qualidades da

A IMPORTÂNCIA DA DOR

cordialidade natural, como bondade, empatia e consideração, emergiram espontaneamente.

As pessoas disseram que a sensação foi igual em Nova York algumas semanas depois de 11 setembro. Quando o mundo que conhecemos desmorona, a cidade inteira se conecta, as pessoas cuidam umas das outras, e não têm dificuldade em encarar os olhos de outras pessoas.

É muito comum que a crise e o sofrimento unam pessoas com capacidade de amar e se dedicar aos outros. É também comum que essa abertura e compaixão desapareçam muito rápido, e que as pessoas sintam medo e fiquem mais defensivas e fechadas do que antes. A questão, então, é não só revelar nossa ternura e cordialidade fundamentais, como também aceitá-las com sua vulnerabilidade frágil e com frequência amarga. Como é possível relaxar e nos abrirmos diante dessa incerteza?

A primeira vez que encontrei Dzigar Kungtrül, ele me falou da importância do sofrimento. Ele morava e ensinava nos Estados Unidos há mais de dez anos e percebera que seus alunos absorviam seus ensinamentos e práticas em um nível superficial, até que vivenciassem a dor de tal forma que ficassem muito abalados. Os ensinamentos budistas eram apenas um passatempo, algo pouco importante ou que podia ser usado para relaxar, porém, quando suas vidas desmoronavam, os ensinamentos e as práticas tornavam-se tão vitais como comida ou remédios.

89

A cordialidade natural que surge quando vivenciamos o sofrimento inclui todas as qualidades do coração: amor, compaixão, gratidão e ternura sob todas as formas. Mas também inclui solidão, tristeza e a instabilidade do medo. Antes que esses sentimentos de vulnerabilidade se fortaleçam, e que as histórias se intrometam, esses sentimentos indesejáveis são repletos de bondade, abertura e afeição. Esses sentimentos que evitamos tão bem podem nos suavizar, transformar-nos. O coração receptivo da cordialidade natural é às vezes agradável, outras desagradável — como "eu quero, eu gosto" e seu oposto. A prática consiste em treinar para não se esquivar automaticamente da ternura desconfortável quando ela surge. No decorrer do tempo, conseguimos aceitá-la do mesmo modo que a ternura confortável da bondade do amor e a apreciação genuína.

Uma pessoa faz alguma coisa que provoca sentimentos indesejáveis, e o que acontece? Ficamos mais abertos ou mais introvertidos? Em geral, involuntariamente nos fechamos, no entanto, sem uma história para aumentar aos poucos nosso desconforto, temos um acesso fácil ao nosso coração genuíno. No momento em que sentir que está voltando-se para dentro de si mesmo, faça uma pausa, e abra espaço para a mudança acontecer. No livro de Jill Bolte Taylor, *My Stroke of Insight*, ela descreve uma evidência científica: a duração de qualquer emoção especial é só de um minuto e meio. Depois desse espaço de tempo, temos de reviver a emoção e deixar que ela flua de novo.

A IMPORTÂNCIA DA DOR

Nosso processo habitual é de automaticamente *revivê-la*, alimentando-a com uma conversa interna, em que remoemos como uma pessoa é a fonte de nosso desconforto. Talvez a ataquemos ou a alguém mais, porque não queremos nos aproximar da sensação desagradável que sentimos. Esse é um hábito muito antigo que obscurece tanto a cordialidade natural que pessoas como você ou eu, que temos capacidade de empatia ou compreensão, ficamos com a mente tão confusa que podemos nos ferir uns aos outros. Quando detestamos aqueles que estimulam nossos medos e inseguranças, os que trazem à tona os sentimentos indesejáveis, e os vemos como a única causa de nosso desconforto, passamos a desumanizá-los, a depreciá-los e a maltratá-los.

Quando compreendi esse processo, fiquei extremamente motivada a praticar o oposto. Nem sempre sou bem-sucedida, mas a cada ano tenho mais familiaridade e sinto-me mais à vontade para me libertar de minha história pessoal e confiar que tenho capacidade de estar presente e receptiva em relação aos outros seres. Suponha que você e eu passemos o resto de nossas vidas agindo dessa forma. Suponha que concentremos nossa atenção por algum tempo durante o dia em pessoas desconhecidas e tenhamos interesse por elas genuinamente. Podemos olhar seus rostos, observar suas roupas, suas mãos. Existem tantas oportunidades de fazer isso, sobretudo, se mora em uma cidade grande. Evitamos mendigos porque a infelicidade deles nos incomoda, cruzamos nas ruas e sentamos ao lado de milhões de

PEMA CHÖDRÖN

pessoas nos ônibus ou em salas de espera. O relacionamento torna-se mais íntimo quando alguém empacota nossas compras na mercearia, tira nossa pressão arterial ou vai à nossa casa para consertar um cano furado. Depois, há pessoas que sentam ao nosso lado nos aviões. Suponha que você estivesse em um dos aviões que explodiram em 11 de setembro. Seus colegas passageiros teriam sido pessoas muito importantes em sua vida.

Isso pode se tornar uma prática diária de humanizar as pessoas com quem cruzamos nas ruas. Quando faço isso, os desconhecidos assumem uma forma muito real. Eles são seres humanos com alegrias e tristezas como as minhas, pessoas que têm pais, vizinhos, amigos e inimigos, assim como eu. Comecei também a ter uma percepção mais precisa e nítida de meus medos, julgamentos e preconceitos que surgem sem nenhuma razão aparente em relação a essas pessoas que eu nunca vira. Adquiri *insight* a respeito da minha semelhança com todas essas pessoas, bem como *insight* sobre o que obscurece essa compreensão e faz com que eu me sinta isolada. Ao aumentar a consciência de nossa força, assim como de nossa perplexidade, essa prática revela a cordialidade natural e nos aproxima do mundo ao nosso redor.

Quando seguimos outra direção, quando ficamos absortos, inconscientes de nossos sentimentos e cegamente mordemos o anzol, reagimos com julgamentos rígidos e opiniões fixas que estão pulsando com a *shenpa*. Essa é uma reação para impedir o acesso de pessoas que nos ameaçam. Usando um exemplo co-

A IMPORTÂNCIA DA DOR

mum, como você se sente em relação a pessoas que fumam? Eu não encontrei muitas pessoas, fumantes ou não fumantes, que não reagissem movidos pela *shenpa* quanto a esse assunto. Certa vez, eu estava em um restaurante em Boulder, Colorado, quando uma mulher europeia que não havia notado que era proibido fumar dentro do restaurante acendeu um cigarro. O restaurante estava barulhento, com conversas e risos, e diante do som do fósforo o lugar inteiro parou. Podia-se ouvir a própria respiração e a justa indignação na sala era palpável.

Eu acho que as pessoas não teriam me entendido bem se eu houvesse explicado que, em muitos lugares no mundo, o fumo não tem uma conotação negativa e que os julgamentos repletos dos valores da *shenpa*, e não o fumante, eram a causa real do desconforto delas.

Quando encaramos as situações difíceis como uma oportunidade de amadurecer nossa coragem e sabedoria, paciência e bondade, no momento em que nos tornamos mais conscientes de termos sido fisgados e não exacerbamos a sensação, então, nossa angústia pode nos conectar com o desconforto e a infelicidade dos outros. O que, em geral, vemos como um problema transforma-se em uma fonte de empatia. Há pouco tempo, um homem me contou que dedica sua vida a ajudar agressores sexuais, porque sabia o que significava ser como eles. Na adolescência, praticara um abuso sexual em uma menina pequena. Outro exemplo é o de uma mulher que contou que, quando era

PEMA CHÖDRÖN

criança, detestava o irmão com tanta violência que pensava em maneiras de matá-lo todos os dias. Por isso, agora trabalhava compassivamente com jovens que estavam na prisão por assassinato. Ela conseguia lidar com eles como iguais, porque sabia o que significava estar no lugar deles.

Buda ensinou que entre os sofrimentos humanos mais previsíveis estão a doença e a velhice. Agora que tenho mais de 70 anos, entendo isso profundamente. Assisti, há pouco tempo, a um filme sobre uma mulher má de 75 anos adoentada, cuja família não gostava dela. O único carinho que recebia na vida era de seu dedicado cachorro *collie*. Pela primeira vez em minha vida, identifiquei-me com a senhora idosa e não com seus filhos. Isso foi uma grande mudança: um mundo novo de compreensão, um novo espaço de simpatia e bondade revelara-se de repente para mim.

Esse pode ser o valor de nosso sofrimento. Estamos todos no mesmo barco, e a única coisa que faz sentido é nos dedicarmos uns aos outros.

Quando sentimos medo, ou um desconforto de qualquer tipo, essa sensação pode nos conectar com intensidade a todas as pessoas que sentem medo ou desconforto. Podemos fazer uma pausa e sentir o medo. Ou sentir a amargura da rejeição e a crueldade de termos sido desrespeitados. Se estivermos em casa, ou em um local público ou presos em um engarrafamento, ou andando para o cinema, podemos parar, olhar outras pessoas e ob-

A IMPORTÂNCIA DA DOR

servar as que estão sofrendo ou as que estão alegres, e nos identificarmos com elas. Assim como eu, elas não querem sentir dor física, insegurança ou rejeição. Assim como eu, querem ser respeitadas e se sentirem fisicamente confortáveis.

Quando você sente tristeza ou medo, raiva ou inveja, está sentindo o ciúme, o medo ou a tristeza de todas as pessoas. Você levanta no meio da noite com um ataque de ansiedade e, quando sente totalmente o gosto e o cheiro dele, você está compartilhando a ansiedade e o medo da humanidade e dos animais. Em vez de se autoconcentrar em sua angústia, conecte-se a todas as pessoas no mundo que estão sentindo o mesmo sofrimento. As histórias são diferentes, as causas diversas, mas a experiência é a mesma. Para cada um de nós, a tristeza tem o mesmo gosto; para cada um de nós, a raiva e o ciúme, a inveja e o desejo compulsivo têm exatamente o mesmo gosto. E isso se repete na gratidão e bondade. Pode haver um número interminável de potes de açúcar, mas todos têm o mesmo gosto.

Diante de qualquer sensação de prazer ou desconforto, felicidade ou infortúnio, você pode olhar para as outras pessoas e dizer para si mesmo: "Assim como eu, elas não querem sentir esse sofrimento". Ou: "Assim como eu, elas apreciam essa alegria".

Quando tudo se desfaz, e não conseguimos juntar os pedaços, quando perdemos algo que nos é muito querido, ou nada funciona e não sabemos o que fazer, esse é o momento em que a cordialidade natural da ternura, a cordialidade da empatia e

PEMA CHÖDRÖN

bondade estão à espera de serem reveladas, à espera de serem assimi-
ladas. Essa é a chance de sairmos de nossa bolha protetora e de perceber que nunca estamos sozinhos. É nossa oportunidade de, por
fim, compreender que, em qualquer lugar para onde formos, todas
as pessoas que encontraremos são, em sua essência, iguais a nós. Se
nos voltarmos para o nosso sofrimento, abriremos um relacionamento afetivo com o mundo.

10

AMIZADE ILIMITADA

Ouvi o Dalai Lama dizer com frequência que a compaixão por nós mesmos é a base para desenvolver compaixão pelos outros. Chögyam Trungpa também ensinava isso quando falava na maneira de ajudar genuinamente os outros, de trabalhar em benefício dos outros sem a interferência de nossas agendas. Ele descreveu isso como um processo de três etapas. A primeira etapa é *maitri*, uma palavra sânscrita que significa afeição em relação a todos os seres. No entanto, no sentido em que Chögyam Trungpa a empregou, traduz-se em amizade ilimitada no tocante a nós mesmos, o que indica, com clareza que leva com naturalidade a uma amizade ilimitada, pelas outras pessoas. *Maitri* também tem o significado de confiar em si mesmo, de confiar que temos todas as condições para nos conhecermos completamente sem nos sentirmos desesperançados, sem nos voltarmos contra nós mesmos em razão do que vemos.

PEMA CHÖDRÖN

A segunda etapa na jornada para ajudar genuinamente os outros é a comunicação do coração. Dependendo do grau em que confiamos em nós mesmos, não temos necessidade de nos retrairmos perante outras pessoas. Elas podem provocar emoções fortes em nós, mas mesmo assim não nos afastamos. Com base em nossa aptidão de permanecer abertos, chegamos à etapa três, a dificuldade de suplantar o egoísmo: a capacidade de pôr os outros à nossa frente e ajudá-los sem esperar nada em retorno.

Quando construímos uma casa, a primeira etapa é construir uma fundação sólida. Assim, quando desejamos beneficiar os outros, começamos desenvolvendo cordialidade ou amizade conosco. Entretanto, é comum que as pessoas tenham uma visão distorcida dessa amizade e cordialidade. Elas dizem, por exemplo, que temos de cuidar de nós mesmos, mas quantas pessoas sabem como fazer isso? Quando o apego à segurança, ao conforto e a rejeição ao sofrimento convertem-se no foco de nossas vidas, por fim, não prestamos atenção ao nosso bem-estar, nossa saúde etc. e, com certeza, não nos sentimos motivados a sermos receptivos com os outros. No final, sentimo-nos mais ameaçados ou irritados, mais incapazes de relaxar.

Conheci muitas pessoas que passaram anos exercitando-se todos os dias, fazendo massagens, ioga, seguindo fielmente uma alimentação ou um regime baseado em suplementos vitamínicos e minerais um após outro, seguindo professores espirituais e estilos diferentes de meditação, tudo como justificativa de cuidar de si mesmas. Então, alguma coisa ruim acontece e todos esses anos nada acrescentaram ao fortalecimento interno delas e à condescendência com si mesmas, para suportarem os acontecimentos. Além disso, não as capacitaram a ajudar aos outros ou ao meio ambiente. Quando a intenção de cuidar de nós mesmos assume um enfoque egoísta, nunca obteremos a ternura inabalável e a confiança necessária para enfrentar a vida quando tudo se desfaz. Mas, quando começamos a desenvolver o *maitri* e a nossa aceitação incondicional, então, estamos de fato nos cuidando de um modo que tem retorno. Sentimo-nos mais à vontade com nossos corpos, mentes e com o mundo. À medida que a gentileza em relação a nós mesmos aumenta, essa gentileza repercute em outras pessoas.

A paz que buscamos não é a paz que se debilita assim que a dificuldade ou o caos aparecem. Se estivermos à procura de uma paz interior ou global, ou uma combinação das duas, a forma de vivenciá-la é construindo a base sólida da abertura incondicional perante qualquer acontecimento. A paz não é uma experiência isenta de desafios, de aspereza e suavidade, é uma experiência que se expande o suficiente para abranger tudo que surgir sem nos sentirmos ameaçados.

Às vezes, imagino como reagiria diante de uma emergência. Escuto histórias de pessoas que demonstraram extrema coragem em momentos de crise, mas também já ouvi histórias dolorosas

PEMA CHÖDRÖN

de pessoas que foram incapazes de ajudar os outros, porque sentiam muito medo. Nunca saberemos qual será nossa reação. Então, penso no que aconteceria, por exemplo, em uma situação em que o único alimento fosse um pedaço de pão. Eu o dividiria com outras pessoas que estavam morrendo de fome? Eu o guardaria só para mim? Se pensasse nesse dilema quando estivesse sentindo apenas o desconforto de um pouco de fome, esse pensamento seria mais imparcial. Porém, se desse toda a comida que tenho, minha fome continuaria. Talvez outra pessoa se sentisse melhor, mas, sem dúvida, eu me sentiria pior fisicamente.

Algumas vezes, o Dalai Lama sugere que façamos jejum um dia por semana ou não fazer uma refeição durante um dia por semana, para nos colocarmos no lugar, mesmo que sem a mesma gravidade, das pessoas que estão morrendo de fome no mundo inteiro. Ao praticar esse tipo de solidariedade, descobri que provoca pânico e autoproteção. Portanto, o que fazer com nossa angústia? Devemos abrir nossos corações ou fechá-los? Quando sentimos fome, nosso desconforto aumenta nossa empatia por pessoas ou animais famintos, ou exacerba nosso medo diante da fome ou nosso egoísmo?

Com reflexões como essas, podemos ter uma visão real de nossas peculiaridades, mas também fazer uma projeção de como seríamos no próximo ano ou nos cinco anos seguintes, ou ao morrer. Hoje, é possível que eu entre em pânico e não dê nem mesmo uma migalha do meu pão, porém não preciso me angustiar

AMIZADE ILIMITADA

por isso. Temos a oportunidade de direcionar nossas vidas de tal forma que ano após ano sentiremos menos medo, nos sentiremos menos ameaçados, e mais capazes de ajudar espontaneamente os outros sem nos questionarmos: "E eu?"

Uma mulher de 50 anos contou-me sua história. Aos 25, ela sofreu um desastre de avião. Ela entrou em pânico para sair o mais rápido possível do avião antes que explodisse, e não parou para ajudar ninguém, nem mesmo, ainda mais triste, um menino pequeno que ficara preso no cinto de segurança e não podia se mover. Ela praticava o budismo há uns cinco anos quando o acidente aconteceu e ficou chocada com sua reação. Sentiu-se profundamente envergonhada e passou três anos difíceis em depressão. Mas, por fim, em vez de deixar que seu remorso e arrependimento a levassem à autodestruição, sentimentos diferentes abriram seu coração para outras pessoas. Não só se comprometeu a seguir seu caminho espiritual para melhor ajudar os outros, como também começou a trabalhar com pessoas em crise. Seu aparente fracasso a estimulou a ser uma mulher mais corajosa e compassiva.

Pouco antes de Buda atingir a iluminação sob a árvore *bodhi*, ele sofreu tentações de todos os tipos possíveis. Foi tentado pela luxúria, desejo intenso, agressividade, medo, todas as coisas que, em geral, nos aprisionam e causam nosso desequilíbrio. Parte de sua extraordinária realização foi que ele ficou presente, sem ser seduzido por nada que surgiu. Nas versões tradicionais da história, dizem que não cedeu à tentação de demônios, soldados armados ou mulheres sedutoras. No entanto, sempre pensei que o Buda talvez *tenha* de fato vivenciado emoções durante essa longa noite, mas as considerou apenas como uma energia dinâmica fluindo. Os sentimentos e as sensações iam e vinham. Não provocaram uma reação em cadeia. Essa sucessão de acontecimentos é com frequência descrita nas pinturas como armas transformando-se em flores, guerreiros atirando milhares de setas flamejantes em Buda enquanto ele estava sentado sob a árvore *bodhi*, mas as setas convertiam-se em flores. Assim, o que pode causar nossa destruição torna-se uma bênção disfarçada, quando deixamos as energias emergirem e passarem por nós, sem reagirmos.

A seguinte pergunta me intriga há muitos anos: apesar de nossos sentimentos confusos, é possível desenvolver uma aceitação incondicional de nós mesmos em vez de culpa e depressão?

Um dos métodos mais úteis que encontrei para lidar com esse impasse é a prática da tolerância compassiva. É um modo de atrair cordialidade para os sentimentos indesejáveis. É um método direto de vivenciar nossa experiência em vez de rejeitá-la. Por isso, na próxima vez que perceber que foi fisgado, você pode sentir essa sensação com essa abordagem.

Ao contatar a experiência de estar fisgado, inspire para senti-la totalmente, deixando-a fluir. Essa inspiração pode ser profunda e relaxada, desde que lhe ajude a sentir a sensação, sem rejeitá-la.

AMIZADE ILIMITADA

Então, ainda em meio a sentimentos ansiosos ou agressivos, à medida que expira, você relaxa e abre espaço para eles. A expiração não é uma maneira de eliminar o desconforto, e sim de desanuviá-lo, de diminuir a tensão em torno dele, de se conscientizar do espaço em que o desconforto ocorre.

Essa prática nos ajuda a desenvolver o *maitri*, porque tocamos em partes de nossa mente das quais não nos orgulhamos. Tocamos em sentimentos que achamos que não deveríamos ter, como sentimentos de fracasso, vergonha, de raiva assassina; todos os sentimentos politicamente incorretos como preconceito racial, desprezo por pessoas que consideramos feias ou inferiores, compulsão sexual e fobias. Entramos em contato com qualquer coisa que estivermos sentindo, sem a limitação de gostar disso ou não, inspirando e se abrindo. Então, expiramos e relaxamos. Continuamos a inspirar e expirar por alguns momentos ou por quanto tempo quisermos, sincronizando a respiração. Esse processo tem a propriedade inerente de atrair os sentimentos, assim como a respiração. Tocamos a experiência, sentindo-a fisicamente se isso nos ajudar, e a inspiramos.

Nesse processo, transformamos a energia rígida, reativa, uma energia que repudia, em cordialidade e receptividade. Parece complexo, mas, na verdade, é muito simples e direto. Tudo que precisamos fazer é inspirar e vivenciar o que está acontecendo, e expirar deixando a sensação fluir. É uma forma de trabalhar nossa negatividade e perceber que a energia negativa por si só não é

PEMA CHÖDRÖN

o problema. A confusão emocional só começa quando nós não conseguimos suportar a intensidade da energia e nos descontrolamos. O fato de ter consciência de nossa energia permite que ela flua e circule. Assimilar nossa energia é a última ação não agressiva, o último *maitri*.

A tolerância compassiva é uma prática solitária, mas também serve como um exercício preliminar para o *tonglen*, a prática de receber e dar. Tonglen é uma prática antiga destinada ao círculo vicioso de "tudo gira ao meu redor". Assim como na tolerância compassiva, a lógica da prática reside em inspirar e deixar os sentimentos que ameaçam a sobrevivência de nossa autoimportância aflorarem. Inspiramos sentimentos dos quais, em geral, queremos nos libertar. Na expiração do *tonglen*, transmitimos todos os sentimentos que achamos prazerosos e agradáveis, significativos e desejáveis. Transmitimos os sentimentos que desejamos para uma vida melhor.

Tonglen pode começar como a prática da tolerância compassiva. Inspiramos tudo que achamos doloroso e irradiamos alívio, sincronizando a respiração. No entanto, a ênfase do *tonglen* é sempre aliviar o sofrimento dos outros. Ao inspirar o desconforto, talvez pensemos: "Quero sentir isso totalmente para que os outros seres se libertem da dor". Quando expiramos o alívio, podemos pensar: "Que eu transmita essa alegria em sua plenitude para que todos os seres se sintam relaxados e à vontade com si mesmos e com o mundo". Em outras palavras, o *tonglen*

AMIZADE ILIMITADA

estende-se mais além da tolerância compassiva, porque é uma prática que inclui o sofrimento alheio e o desejo que esse sofrimento seja eliminado.

Tonglen se desenvolve ainda mais quando a coragem para vivenciar os nossos sentimentos indesejáveis cresce. Por exemplo, quando você percebe que foi fisgado, você inspira este entendimento de que essa experiência é compartilhada por todos os seres, mesmo que de um ponto de vista conceitual no início, e, ao expirar, alivia o sofrimento deles. Ao expirar, você transmite alívio para todos. Além disso, a sua experiência direta, a experiência que vivencia agora é a base da percepção de tudo que se passa com os outros seres. Nesse sentido, o *tonglen* é a prática do coração, íntima e instintiva, e não uma prática cerebral ou um exercício intelectual.

É normal que pais com crianças pequenas espontaneamente coloquem os filhos em primeiro lugar. Quando ficam doentes, as mães e os pais com frequência não têm dificuldade em desejar eliminar o sofrimento da criança; com prazer, o inspirariam para suprimi-lo se fosse possível, e com prazer expirariam alívio.

A prática do *tonglen* deve se iniciar com situações como essa, fáceis de lidar. A prática torna-se mais desafiadora quando você começa a usá-la com pessoas a quem não conhece, e quase impossível no caso de pessoas de quem não gosta. Você inspira o sofrimento de um mendigo na rua, mesmo que não tenha certeza desse desejo. E estaria disposto a praticar o *tonglen* mais avança-

PEMA CHÖDRÖN

do em que você inspira a dor de alguém que despreza e transmite alívio? Sob a perspectiva atual, isso é um pedido excessivo, demasiado opressivo ou absurdo.

A prática do *tonglen* pode ser muito difícil porque não suportamos os sentimentos de uma pessoa sem-teto ou de sua infelicidade. Isso, é claro, traz de volta a tolerância compassiva e a solidariedade com nós mesmos. Foi precisamente esse processo de praticar o *tonglen*, de tentar ir mais além e de abrir a mente para mais e mais pessoas diferentes, que me ajudou a ver que sem o *maitri* sempre adotaria uma atitude de introversão diante de pessoas quando determinados sentimentos são provocados.

A próxima vez que tiver oportunidade, saia e tente praticar o *tonglen* com a primeira pessoa que encontrar, inspirando seu desconforto e transmitindo bem-estar, preocupação e um cuidado especial. Se estiver em uma cidade, pare por um momento e preste atenção em qualquer pessoa que o atraia e pratique o *tonglen* com ela. Você pode começar conectando-se com um sentimento de aversão ou atração, ou até mesmo, com um sentimento neutro que essa pessoa provoca. Inspire-o, contatando-o com tolerância compassiva, porém com o pensamento: "Talvez possamos sentir esses sentimentos sem nos fecharmos perante os outros". Ao expirar, irradie felicidade e alegria para ela. Se encontrar um animal ou uma pessoa que esteja claramente sofrendo, pare e transmita seu consolo e seu desejo genuíno de livrá-los dessa dor. Com a prática mais avançada do *tonglen*, você inspira

AMIZADE ILIMITADA

com o desejo de transmitir todo o conforto e alívio. Em outras palavras, você estará disposto a se colocar no lugar deles e pô-los no seu lugar se isso os ajudar.

Ao tentar essa prática, percebemos nossos momentos de extroversão e introversão. Rapidamente, aprendemos o que é preciso fazer para exercitar a tolerância compassiva com nossos sentimentos confusos, antes de tentar trabalhar com outras pessoas, porque nossos esforços resultariam em um conflito maior. Conheço muitas pessoas que querem ser professores, ou alimentar pessoas sem-teto, começar a clinicar, ou tentar de alguma forma ajudar os outros. Apesar das intenções generosas, nem sempre percebem que, se desejam trabalhar intimamente com outras pessoas, estarão sujeitas a se deparar com situações carregadas de *shenpa*. As pessoas que esperam ajudar, nem sempre as encaram como salvadores. Na verdade, provavelmente as criticarão e lhes causarão problemas. Professores e assistentes sociais das mais variadas especialidades terão uma utilidade limitada, se estiverem trabalhando para fortalecer seus próprios egos. A intenção de ajudar os outros é uma maneira muito rápida de estourar a bolha do ego.

Assim, devemos começar fazendo amizade com nossa experiência e desenvolvendo um sentimento caloroso em relação às nossas qualidades. Devagar, bem devagar, com suavidade, muita suavidade, expandimos cada vez mais os limites da experiência ao tocarmos em sentimentos mais perturbadores. Isso motiva a

PEMA CHÖDRÖN

confiança em nossa força e bondade para viver nesse mundo precioso, apesar das suas minas terrestres, com dignidade e delicadeza. Com essa confiança, a conexão com outras pessoas torna-se mais fácil, porque o que há para temer se estivermos seguros de nós mesmos nos bons e maus momentos? As pessoas podem nos provocar, mas não precisamos nos defender agredindo-as ou retraindo-nos. O altruísmo ajuda, auxiliar os outros sem obrigação é o resultado de termos nos ajudado. Sentimos amor por nós mesmos e, portanto, amamos os outros. Ao longo do tempo, todos os mecanismos que usamos para nos isolarmos diluem-se cada vez mais em nosso coração.

EPÍLOGO

Trazendo esta experiência para o mundo

Bem no fundo do espírito humano há uma reserva de coragem. Ela está sempre disponível, sempre à espera de ser descoberta.

Nos últimos anos de sua vida, Chögyam Trungpa ensinou sem cessar que existe uma possibilidade real de criar uma sociedade iluminada, uma sociedade em que as pessoas cultivariam uma amizade incondicional por si mesmas e uma dedicação incondicional aos outros. Porém, quando tentamos agir dessa forma, vemos que não é fácil. A resistência em nos aceitarmos e de pôr o bem-estar alheio em primeiro lugar é surpreendentemente forte. No entanto, ele falava com entusiasmo e convicção sobre nossa extraordinária capacidade de coragem, da mente aberta e receptiva, de ternura, de nossa aptidão excepcional de sermos guerreiros espirituais, homens e mulheres destemidos que podem ajudar a curar as tristezas do mundo.

PEMA CHÖDRÖN

O mestre budista Shantideva descreveu o caminho para treinar um guerreiro espiritual. Em seu livro *O Caminho do Bodhisattva*, ele explica como o *bodhisattva* ou o guerreiro espiritual começa sua jornada ao examinar com imparcialidade seu estado psíquico e suas emoções. O caminho para libertar outras pessoas de sua confusão mental inicia-se com nossa predisposição a nos aceitarmos sem desilusão.

Talvez você pense que um treinamento cuja intenção é nos preparar para beneficiar outras pessoas focaria exclusivamente nas necessidades delas. Mas a maioria das instruções de Shantideva recomenda trabalhar com cuidado em nossos pontos cegos. Até agirmos assim, não teremos percepção dos sentimentos de outras pessoas ou de como podemos ajudá-las. Torna-se claro, aos poucos, que nosso sentimento de tristeza ou alegria é igual ao dos outros. Como Shantideva dizia, se todos os seres na terra sentem insegurança e sofrimento, assim como eu, então por que continuo a enfatizar só a mim?

Este livro é uma tentativa de examinar como nos imobilizamos nessa visão estreita e autocentrada. É também uma tentativa de transmitir os ensinamentos dos meus professores sobre a maneira de nos desvencilharmos quando somos fisgados. No entanto, a motivação de apresentar este material não é apenas o desejo que todos nós sejamos mais felizes. A intenção básica é que possamos seguir seu conselho, a fim de nos prepararmos para olhar além de nosso bem-estar e pensar no grande sofri-

EPÍLOGO

mento alheio e na fragilidade do nosso mundo. Ao mudarmos nossos hábitos errados, estaremos ao mesmo tempo mudando a sociedade. Nosso despertar entremeia-se ao despertar de uma sociedade iluminada. Se pudermos eliminar nossos impulsos agressivos e a compulsão, o planeta inteiro se alegrará.

Em benefício de todos os seres conscientes, espero que você se una à crescente sociedade de guerreiros espirituais corajosos, que estão surgindo em todos os continentes do globo. Que nunca desistamos de nossa preocupação genuína com o mundo. Que nossas vidas possam se converter em um treinamento para revelar nossa inteligência natural, abertura, receptividade e cordialidade, e que este pequeno texto possa ser de alguma ajuda. Como Chögyam Trungpa exclamava com alegria: "Somos capazes de fazer isto!"

AGRADECIMENTOS

Agradeço a todas as mulheres que me ajudaram a realizar este livro. Meus agradecimentos a Eden Steinberg por idealizá-lo, a Glenna Olmstead e Angela Rose pelo apoio administrativo, a Martha Boesing pelo seu *insight* e comentários perspicazes e, em especial, a Sandy Boucher, minha amiga e editora, que formatou belamente o texto original em sua versão final.

BIBLIOGRAFIA

BRACH, Tara. *Radical Acceptance: Embracing Your Life with the Heart of a Buddha*. Nova York: Bantam Books, 2003.

CHÖDRÖN, Pema. *Sem Tempo a Perder: um guia útil para o Caminho do Bodhisattva*. Rio de Janeiro: Gryphus Editora, 2008.

KONGTRÜL, Dzigar. *It's Up to You: The Practice of Self-Reflection on the Buddhist Path*. Boston e Londres: Shambahla Publications, 2005.

_____. *Light Comes Through: Buddhist Teachings on Awakening to Our Natural Intelligence*. Boston e Londres: Shambahla Publications, 2008.

MASTERS, Jarvis Jay. *Finding Freedom: Writings from Death Row*. Junction City, Calif.: Padma Publishing, 1997.

NAGLER, Michael N. *The Search for a Nonviolent Future*. Novato, Calif.: New World Library, 2004.

SHANTIDEVA. *The Way of the Bodhisattva*. Traduzido pelo Padmakara Translation Group. Boston: Shambahla Publications, 1997.

TRUNGPA, Chögyam. *Shambhala: The Sacred Path of the Warrior*. Boston: Shambahla Publications, 1984, 1988.

_____. *Great Eastern Sun: The Wisdom of Shambhala*. Boston: Shambahla Publications, 1999.

INFORMAÇÕES

Para informações sobre meditação ou um centro de prática próximo a você, por favor, entre em contato com um dos seguintes centros:

Grupo de Meditação Shambhala São Paulo
Tel: (11)3717-1418
e-mail: info@shambhala-brasil.org

Shambhala International
1084 Tower Road
Halifax, NS
Canadá B3H2Y5
Telefone: (902)425-4275
Fax: (902) 423-2570
Website: www.shambhala.org

Shambhala Europe
Annostrasse 27-33
D50678 Köln, Alemanha
Telefone: 49-221-31024-10

INFORMAÇÕES

Fax: 49-221-31024-50
e-mail: europe@shambhala.org

Karmê Chöling
369 Patneaude Lane
Barnet, VT 05821
Telefone: (802) 633-2384
Fax: (802) 633-3012
e-mail: karmecholing@shambhala.org

Shambhala Mountain Center
4921 Country Road 68C
Red Feather Lakes, CO 80545
Telefone: (970) 881-2184
Fax: (970) 881-2909
e-mail: rmsc@shambhala.org

Gampo Abbey
Pleasant Bay, NS
Canadá BoE 2Po
Telefone: (902) 224-2575
e-mail: office@gampoabbey.org

A Naropa University é a única universidade budista creden-
ciada nos Estados Unidos. Para mais informações, contate:

INFORMAÇÕES

Naropa University
2130 Arapahoe Avenue
Boulder, CO 80302
Telefone: (303) 444-0202
Website: www.naropa.edu

SOBRE A AUTORA

Pema Chödrön é uma monja budista americana na linhagem de Chögyam Trungpa, o renomado mestre de meditação tibetano. É professora residente em Gampo Abbey, Cape Breton, Nova Escócia, o primeiro monastério tibetano na América do Norte estabelecido para ocidentais. É autora de diversos livros, inclusive os best-sellers *Quando tudo se desfaz* (Gryphus Editora) e *Sem tempo a perder* (Gryphus Editora).

THE PEMA CHÖDRÖN FOUNDATION

Todos os recursos arrecadados com a venda deste livro destinam-se à The Pema Chödrön Foundation. The Pema Chödrön Foundation mantém o monastério de Pema, Gampo Abbey, e apoia o desenvolvimento da tradição monástica no Ocidente. A vida monástica baseia-se no treinamento de uma comunidade de pessoas compromissadas com a meta de despertar a dignidade e a sabedoria que são heranças da humanidade.

Para mais informações acesse
www.pemachodronfoundation.org/how-to-help

Este livro foi composto na tipologia Garamond Premier, em corpo 12/16,
e impresso pela Gráfica Vozes em papel Pólen bold 90g.
no segundo semestre de 2018.